Academia Polonica dr Ewy Masłowskiej w składzie: Agata Gotlib-Borowska, Marzena Jasnos, Ewa Masłowska (redaktor naukowy), Agnieszka Pabiańczyk, Marzena Suska, Anna Tokarska

Polski

Bez problemu!

Polish for foreigners
Kurs języka polskiego dla obcokrajowców

Autorzy: Academia Polonica dr Ewy Masłowskiej w składzie:
Agata Gotlib-Borowska (lekcje 10, 12), Marzena Jasnos (lekcje 2, 9),
Ewa Masłowska (redaktor naukowy), Agnieszka Pabiańczyk (lekcje 1, 4, 7),
Marzena Suska (lekcje 3, 5, 8), Anna Tokarska (lekcje 6, 11)

Redakcja serii: Monika Młodnicka

Redakcja tomu: Dobrochna Mierzejewska

Korekta: John Dixon, Dobrochna Mierzejewska

Lektorzy: Katarzyna Golaszanka, Marta Królikowska, Maciej Winiarski,
Wojciech Wiński

Nagranie: Studio Nagrań Wydziału Fizyki UAM, Poznań

Projekt okładki: Roman Śniegowski

Ilustracje: © iStock International Inc.

Skład i łamanie: perfekt

Projekt graficzny wnętrza: perfekt

ul. Romana Maya 1
61-371 Poznań
www.supermemo.pl

Contents

Contents

The Polish alphabet

Letters and examples		Pronunciation and spelling
A	akademia, Anna	mid vowel similar to the English **a** (e.g. ***a**rcheology*)
Ą	dąb, będą	nasal vowel (only in the middle or final-word position), pronounced as a nasalized **o,** as in *d**on**key*
B	bal, Barbara	similar to the English **b** (e.g. ***b**ank*); voiced consonant; devoiced in the word-final position: *klu**b*** [klu**p**] or in the middle of a word when followed or preceded by a voiceless consonant: *tore**b**ka* [tore**p**ka]
C	cynamon, Cypr	similar to the English **tz** (e.g. *bli**tz***)
Ć	ćma, mieć	no equivalent in English; a soft **c**
D	dramat, Danuta	similar to the English **d** (e.g. ***d**rama*); voiced consonant; devoiced in the word-final position: *prz**ó**d* [pszu**t**] or in the middle of a word when followed or preceded by a voiceless consonant: *wó**d**ka* [wu**t**ka]
E	egoizm, Europa	front vowel similar to the English **e** (e.g. *g**e**t*)
Ę	kurczę, dziękuję	nasal vowel, pronounced as a nasalized **e,** as in ***em**pire;* it appears only in the middle and word-final position; if **-ę** is in the word-final position, it is not articulated as a nasal: *prosz**ę*** [prosze]
F	furia, Francja	as the English **f**
G	geografia, Grecja	similar to the English **g** (e.g. ***g**as*); voiced consonant; devoiced in the word-final position: *bie**g*** [bie**k**] or in the middle of the word when followed or preceded by a voiceless consonant
H	historia, Henryk	similar to the English **h**
I	inteligencja, Indie	front vowel, similar to the English sound in *m**ee**t*; when **i** follows a consonant, it makes it soft (*c**i**epły*); softness is also indicated by the letters ***ś, ź, ć, ń*** followed by consonants: ***ź**ródło, **ć**ma* or when these letters appear in the word-final position: *wie**ś**, gałą**ź***

Letters and examples		Pronunciation and spelling
J	jupiter, Japonia	pronounced like the English **y** (e.g. ***yellow***)
K	kawa, Karol	similar to the English **k** (e.g. ***kick***)
L	lampa, Londyn	similar to the English initial **l** (e.g. ***London***); the Polish **l** is never followed by **y**, there must be an **i** *(-li)*
Ł	łuk, Łotwa	similar to the English **w** (e.g. ***wellness***)
M	mapa, Monika	as the English **m** (e.g. ***mother***)
N	nacja, Natalia	as the English **n** (e.g. ***never***)
Ń	koń, Wiedeń	no equivalent in English; a soft **n**
O	opera, Oslo	similar to the English **o** (e.g. ***opera***)
Ó	stół, wół	pronounced like the Polish **u,** similar to the English **u** (e.g. ***root***)
P	park, Paryż	similar to the English **p** (e.g. ***pleasure***)
R	rondo, Robert	pronounced with a vibration, the sound similar to the trill, stronger in the front position (e.g. ***rower***); in the middle and final position the vibration is much weaker
S	salon, Sycylia	similar to the English **s** (e.g. ***similar***)
Ś	śniadanie, silny	no equivalent in English; a soft **s**
T	teatr, Tadeusz	similar to the English **t** (e.g. ***tea***)
U	unia, Ukraina	similar to the English **u** (e.g. ***push***); despite the same pronunciation, there is a difference in the spelling in words with ***u*** and ***ó*** (alternates with ***o: mówić – mowa***), while **u** has no alternation
W	walc, Warszawa	similar to the English **v** (e.g. ***victory***); voiced consonant; devoiced in the word-final position: ***paw*** [pa**f**] or in the middle of the word when followed or preceded by a voiceless consonant ***kwiat*** [k**f**iat]
Y	duży, stoły	similar to the English **i** in ***bit***; it appears only after hard consonants
Z	zebra, Zofia	similar to the English **z***;* voiced consonant; devoiced in the word-final position: *gruz* [gru**s**] or in the middle of the word when followed or preceded by a voiceless consonant *bluzka* [blu**s**ka]

Letters and examples		Pronunciation and spelling
Ż	żona, mąż	similar to the English sound in *plea**su**re*; voiced consonant; devoiced in the word-final position: *stróż* [stru**sz**] or in the middle of the word when followed or preceded by a voiceless consonant *łóżko* [łu**sz**ko]
Ź	źrebię, źródło	no equivalent in English; a soft **z**; voiced consonant; devoiced in the word-final position: *więź* [wię**ś**] or in the middle of the word when followed or preceded by a voiceless consonant

Letter sequences = one sound		
CH	chemia, Chiny	the letters **ch** and **h** represent the same sound, so they are pronounced in the same way, similar to the English ***h**ome*
CZ	czas, Czesław	the letter **cz** is similar to the English **ch** (e.g. ***ch**amber*)
DŻ	dżem, dżuma	similar to the English **j** (e.g. ***j**am*) or **g** (e.g. ***g**eography*)
DŹ	dźwig, Dźwina	no equivalent in English
RZ	rzeka, Rzym	the letters **rz** and **ż** are similar to the English *plea**sure***; voiced consonant; devoiced in the word-final position: *twarz* [tfa**sz**] or in the middle of the word when followed or preceded by a voiceless consonant *trzeba* [t**sz**eba]
SZ	szok, Szymon	similar to the English **sh** (e.g. ***sh**op*)

▪ *Word stress in Polish*

Word stress in Polish is very regular, as a rule it falls on the penultimate syllable.

Exceptions:

– words of foreign origin: matematyka, fizyka, uniwersytet, muzyka
– verb forms of the 1st and 2nd person plural of the past tense: byliśmy, byliście, mówiliśmy, mówiliście
– verb forms of the conditional plural (the particle *-by* is not taken into account as a syllable): chcielibyśmy, chcielibyście, chcieliby
– some Polish words with exceptional initial stress: w ogóle, rzeczypospolita

Final comments

The Polish phonological system is based on consonant oppositions, which means that the particular characteristic of the consonant (hard or soft, voiced or voiceless) affects the meaning of the word:
hard versus soft: b : b' – bały : biały (were afraid, *f*: white), c : ć – cele : cielę (goals : calf), d : d' – doda : dioda (she will add : diode), g : g' – drogę : drogie (road : dear, *pl*), k : k' – kędy : kiedy (which way : when), l : ł – lisy : łysy (foxes : bald), m : m' – mały : miały (small : they had, f.), n : ń – len : leń (flax : lazybones), p : p' – pasek : piasek (belt : sand), r : r' – mara : Maria (ghost : Mary), s : ś – sen : sień (dream : vestibule), z : ź – koza : kozia (goat : goat, *adi.*)
voiced versus voiceless: b : p – był : pył (he was : dust), dz : c – działo : ciało (cannon: body), dź : ć – dzień : cień (day: shadow), d : t – domek : Tomek (house, *dim.* : Tom), w : f – waza : faza (vase : phase), g : k – góra : kura (mountain : hen), z : s – koza : kosa (goat : scythe), ź : ś – ział : śmiał (he panted : he dared), ż : sz – życie : szycie (life : sewing)
dental versus alveolar versus palatal:
s : sz : ś – kasa : kasza : Kasia (cash box : cereals : Kate)
c : cz : ć – ceń : czerń : cierń (appreciate it : black : thorn)
z : ż – bez : beż (without : beige)
ź : ż – wiezie : wieże (he carries : towers)

The vowel oppositions are not as frequent and are based on a different place or manner of articulation:
- **front – back:** pił : pył (he drank : dust)
- **high – mid – low:** bal : ból (ball : pain), dam : dom (I will give : house)
- **nasal – oral**: kąt : kot (angle : cat), bak : bąk (can : bumblebee), sęk : sok (knot : juice).

Lesson 1

Pierwsze spotkanie
First meeting

Dialogues and vocabulary

Formal greeting

Anna: Dzień dobry. Nazywam się Anna Lisowska.
Good morning. My name is Anna Lisowska.
Piotr: Dzień dobry. Jestem Piotr Nowacki. Bardzo mi miło.
Good morning. I'm Piotr Nowacki. Nice to meet you.
Anna: Bardzo mi miło.
Nice to meet you.

Informal greeting

Tomek: Cześć! Mam na imię Tomek.
Hello! My name is Tomek.
Iza: Cześć! Ja jestem Iza. Miło mi.
Hi! I'm Iza. Nice to meet you.
Tomek: Miło mi.
Nice to meet you.

Vocabulary

bardzo *adv.*	very, very much
być *v imperf.*	to be
dobry *adi.*	good
dzień *m*	day
imię *n*	first name
ja *pron.*	I
mieć *v imperf.*	to have
miło *adv.*	nice
nazwisko *n*	surname
nazywać się *v imperf.*	to be called
On nazywa się Kowalski.	His surname is Kowalski.
witać *v imperf.*	to welcome
Cześć!	Hi! Hello!
Dobry wieczór!	Good evening!
Dzień dobry!	Good morning! / Good afternoon!
Jestem…	I am…
Mam na imię…	My name is…
Miło mi.	Nice to meet you.
Nazywam się	My name is…
Witam!	Welcome!

Grammar

Introduction

First name: Anna, Iza, Tomek, etc.
Surname: Nowacki, Lisowska, etc.
Mam na imię Anna, **Tomek**… – this structure is used to give one's first name only
Mam na nazwisko Nowacki. – this structure is used to give one's surname only

Jestem Anna. / **Jestem Anna Lisowska**. – this structure is used to give either both one's first name and surname (in formal situations) or just one's first name (in informal situations)
Nazywam się Tomek Wolski. – this structure is used to give both one's first name and surname

Questions

Jak masz na imię? – What is your first name?
In a formal situation a polite form **pani** (*madam*) or **pan** (*sir*) is used with a verb in the 3rd person singular.
Jak ma pan/pani na imię? – What is your first name? (formal)
Jak masz na nazwisko? (formal: **Jak ma pan/pani na nazwisko?**) – What is your surname?
Jak się nazywasz? (formal: **Jak pan/pani się nazywa?**) – What is your first name/surname?

*Verbs: **być**, **mieć** and **nazywać się***

Singular verb conjugation

być	**mieć**	**nazywać się**
ja jestem	ja mam	ja nazywam się
ty jesteś	ty masz	ty nazywasz się
on/ona/ono jest	on/ona/ono ma	on/ona/ono nazywa się

The **pan** and **pani** forms require a verb in the 3rd person singular:
Jak się pan nazywa? – What is your first name / surname?
Jak ma pani na imię? – What is your first name?

Exercises

EXERCISE 1. Complete the sentences with the following words: **na imię**, **bardzo**, **ma**, **mam na imię**, **nazywam się**.

1. .... Anna.
2. Mam .... Piotr.
3. ....Tomek Wolski.
4. ....mi miło.
5. Jak pan ....na imię?

Dialogues and vocabulary

Official introduction

Tomek: Dobry wieczór. Nazywam się Tomek Wolski.
Good evening. My name is Tomek Wolski.

Anna: Dobry wieczór. Jestem Anna Lisowska. Bardzo mi miło pana poznać. To jest mój kolega Piotr.
Good evening. My name is Anna Lisowska. Pleased to meet you. This is my friend Piotr.

Piotr: Jestem Piotr Nowacki. Witam pana. Czy to jest pana koleżanka?
My name is Piotr Nowacki. Pleased to meet you. Is this your friend?

Tomek: Miło mi. Tak, to jest moja koleżanka. Ma na imię Iza.
Pleased to meet you. Yes, this is my friend. Her name is Iza.

Iza: Dzień dobry. Jestem Iza Słowacka. Bardzo mi miło.
Good afternoon. My name is Iza Słowacka. Pleased to meet you.

Key structures

Presentation and basic questions
To jest Tomek Wolski. On jest studentem. On jest Polakiem.
This is Tomek Wolski. He is a student. He is Polish.
To jest Anna Lisowska. Ona jest dyrektorką szkoły. Ona jest Polką.
This is Anna Lisowska. She is a headteacher. She is Polish.
To jest Piotr Nowacki. On jest menedżerem. On również jest Polakiem.
This is Piotr Nowacki. He is a manager. He is also Polish.
To jest Iza Słowacka. Ona jest asystentką. Ona również jest Polką.
This is Iza Słowacka. She is an assistant. She is also Polish.
Kto to jest? To jest Tomek Wolski.
Who is this? This is Tomek Wolski.
Kto to jest? To jest Anna Lisowska.
Who is this? This is Anna Lisowska.
Kim jest Iza? Iza jest asystentką.
Who is Iza? Iza is an assistant.
Kim jest Piotr? Piotr jest menedżerem.
Who is Piotr? Piotr is a manager.

Vocabulary

asystentka *f* (***Iza jest asystentką.***)	assistant (*Iza is an assistant.*)
kolega *m*	friend
koleżanka *f*	friend
kto *pron.*	who
menedżer *m* (***Piotr jest menedżerem.***)	manager (*Piotr is a manager.*)
mój *pron.*	my, mine
pan *m*	Sir
pani *f*	Madam
Polak *m* (***Jan jest Polakiem.***)	Pole (*Jan is a Pole.*)
Polka *f* (***Ewa jest Polką.***)	Pole (*Ewa is a Pole.*)
poznać *v perf.* (***Miło mi panią poznać.***)	to meet (*Nice to meet you.*)
również *adv.*	also, too

student *m* (***Michał jest studentem.***) — student (*Michał is a student.*)
studentka *f* (***Kasia jest studentką.***) — student (*Kasia is a student.*)
to *pron.* (***To jest Ania, a to jest jej pies.***) — it, this (*This is Anna and this is her dog.*)
wieczór *m* — evening

Grammar

Questions: **Kto to jest? Co to jest?**

The question **Kto to jest?** (*Who is this?*) is used when asking about a person. The question **Kto?** refers to the subject. However, when asking for some additional information about a person, e.g. his/her nationality, job or position, the instrumental case and phrase **Kim jest X?** (*Who is X?*) is used. A person's name is often replaced with a pronoun, e.g.:
Kim on/ona jest? – Who is he/she?
On jest inżynierem. – He's an engineer.
Ona jest asystentką. – She's an assistant.

Masculine and feminine nouns

We can distinguish between masculine and feminine forms of nouns. Usually, masculine nouns end with a consonant (**dyrektor**, **asystent**, **pan**) and feminine nouns end with a vowel, almost always an **–a** (**asystentka**) and very occasionally with an **-i** (**pani**).
Exceptions are some masculine forms ending with an **–a**, e.g.: **kolega**, **poeta**, **mężczyzna** (*colleague*, *poet*, *man*).

The nominative and instrumental cases

In Polish, the nominative case is reserved for the subject of a sentence. Nouns with other functions are used in different cases. The verb connected with a noun has to be used in an appropriate case.

In the instrumental case, masculine nouns have the ending **-em (On jest inżynierem/Polakiem.)** and feminine nouns the ending **-ą (Ona jest Francuzką/asystenką.)**.

Names of occupations and nationalities in the instrumental (additional information about the subject)

Nominative masculine	**Nominative feminine**	**Instrumental masculine**	**Instrumental feminine**
To jest pan dyrektor Jan Kowalski.	To jest pani dyrektor Maria Lewandowska.	Jan Kowalski jest dyrektor**em.**	Pani Maria Lewandowska jest dyrektork**ą.** Ona jest pani**ą** dyrektor.*
To jest pan Piotr Nowak, asystent.	To jest pani Hanna Król, asystentka.	Piotr Nowak jest asystent**em.**	Pani Hanna Król jest asystentk**ą.**
To jest student, Adam Michnik.	To jest studentka, Maria Frankowska.	Adam Michnik jest student**em.**	Maria Frankowska jest studentk**ą.**
To jest pan prezes Jacek Kruk.	To jest pani prezes Irena Santor.	Jacek Kruk jest prezes**em.**	Irena Santor jest pani**ą** prezes.*
To jest Anglik.	To jest Angielka.	On jest Anglik**iem.**	Ona jest Angielk**ą.**
To jest Niemiec.	To jest Niemka.	On jest Niemc**em.**	Ona jest Niemk**ą.**
To jest Rosjanin.	To jest Rosjanka.	On jest Rosjanin**em.**	Ona jest Rosjank**ą.**
To jest Francuz.	To jest Francuzka.	On jest Francuz**em.**	Ona jest Francuzk**ą.**

* When speaking about occupations which are traditionally performed by men, we use masculine forms even when we refer to women, e.g. **prokurator** (*prosecutor*), **adwokat** (*lawyer*), **prezydent** (*president*), **premier** (*prime minister*). In the case of professional titles, we add noun **pani**, e.g. **pani dyrektor**, **pani prezes**, **pani premier**.

General questions

General questions start with **Czy?**

Tak/Nie (*Yes/No*) answers:

Czy to jest Anna? – Tak, to jest Anna.

Is this Anna? – Yes, this is Anna.

Czy ona ma na nazwisko Lisowska? – Tak, ona ma na nazwisko Lisowska.

Is her surname Lisowska? – Yes, her surname is Lisowska.

Czy ona jest Rosjanką? – Nie, ona nie jest Rosjanką. Anna jest Polką.

Is she Russian? – No, she is not Russian. Anna is Polish.

Czy ona jest tłumaczką? – Nie, Anna nie jest tłumaczką. Anna jest dyrektorką szkoły.

Is she a translator? – No, Anna is not a translator. Anna is a headteacher.

Czy ten pan nazywa się Nowacki? – Tak, ten pan nazywa się Nowacki.

Is this gentleman's surname Nowacki? – Yes, this gentleman's surname is Nowacki.

Czy pan Nowacki jest Polakiem? – Tak, on jest Polakiem.

Is Mr Nowacki Polish? – Yes, he is Polish.

Czy on ma na imię Tomek? – Nie, on nie ma na imię Tomek. On ma na imię Piotr.

Is his first name Tomek? – No, his first name is not Tomek. His first name is Piotr.

Czy on jest menedżerem? – Tak, on jest menedżerem.

Is he a manager? – Yes, he is a manager.

These are general questions related to the whole sentence which are used when we want to receive a positive or negative reply:

Czy Maria jest asystentką? – Tak, ona jest asystentką.

Is Maria an assistant? – Yes, she is an assistant.

Czy Kasia jest asystentką? – Nie, Kasia nie jest asystentką. Ona jest studentką.

Is Kasia an assistant? – No, she is not an assistant. She is a student.

In a negative sentence, we repeat the word **nie** before the verb, e.g. **Nie, ona nie jest studentką.**

Exercises

Vocabulary

aktor *m*	actor
Anglik *m*	English
autor *m*	author
dyrektor *m*	director, manager
Francuz *m*	French
nauczyciel *m*	teacher
obraz *m*	painting, picture
policjant *m*	police officer
prezes *m*	chairman, CEO
prezydent *m*	president
profesor *m*	professor
reżyser *m*	(film/theatre) director
student *m*	student
Szwajcar *m*	Swiss
Szwed *m*	Swedish
tłumacz *m*	interpreter, translator

EXERCISE 2. Build general questions based on the answers.

Iza:

1. Czy..?
Tak, Iza ma na nazwisko Słowacka.

2. Czy ....?
Nie, ona nie jest tłumaczką.

3. Czy ....?
Tak, Iza jest Polką.

Tomek:

4. Czy ....?
Nie, Tomek nie jest dyrektorem.

5. Czy ....?
Nie, Tomek nie jest Anglikiem.

6. Czy ....?
Tak, Tomek ma na nazwisko Wolski.

EXERCISE 3. Fill in the blanks in the table. Note: we use capital letters for names of nationalities.

aktorem, profesor, reżyserem, Szwajcarka, Szwedem, tłumaczem, policjant, Hiszpanką, aktorka, tłumaczką, reżyserka, Hiszpanem, pani prezydent, nauczycielem, dyrektor, Szwedką, Szwajcar, dyrektorką, panią profesor, prezydent, nauczycielką, Hiszpan, dyrektorem, policjantką.

Nominative masculine	Nominative feminine	Instrumental masculine	Instrumental feminine
aktor			aktorką
	profesorka (pani profesor)	profesorem	
tłumacz	tłumaczka		
	policjantka	policjantem	
		prezydentem	panią prezydent
reżyser			reżyserką
nauczyciel	nauczycielka		
	dyrektorka		
	Hiszpanka		
		Szwajcarem	Szwajcarką
Szwed	Szwedka		

EXERCISE 4. Answer the questions below with full sentences.

1. Jak nazywa się autor obrazu „Mona Lisa"?

....

2. Kim jest Steven Spielberg?

....

3. Kim jest Nicole Kidman?

....

EXERCISE 5. Ask the questions for the following answers.

1. ....?
– On jest prezydentem Polski.
2. ....?
– On jest premierem Polski.
3. ....?
– Ona jest aktorką.
4. ....?
– On jest profesorem.
5. ....?
– To jest reżyser.
6. ....?
– On ma na imię Marek.
7. ....?
– Ona jest Amerykanką.
8. ....?
– To jest aktorka.

Grammar

Questions and answers

A question starting with **Kto?** is used for asking about people, while one starting with **Co?** is used for asking about things or animals, e.g.:
Co to jest? – To jest bankomat.
What is this? – This is a cash machine.
Kto to jest? – To jest pan Nowacki.
Who is this? – This is Mr Nowacki.
Co to jest? – To jest apteka.
What is this? – This is a pharmacy.

Co to jest? – To jest kino.
What is this? – This is a cinema.
Kto to jest? – To jest dyrektorka szkoły, pani Anna Lisowska.
Who is this? – This is the headteacher, Mrs Anna Lisowska.

Gender

Compare the endings of masculine, feminine and neuter nouns:

masculine	**feminine**	**neuter**
tramwaj	firma	kino
bank	apteka	metro
parking	ulica	mieszkanie
bankomat	aleja	biuro

The gender of a noun does not necessarily reflect the gender of a person and genders apply to all nouns, not just to those relating to people. The gender is a grammatical form of a noun.

However, noun endings often help to differentiate between the genders:
- Feminine nouns usually end with an **–a**.
- Masculine nouns usually end with a consonant.
- Neuter nouns usually end with an **-o** or **-e**.

Exercises

EXERCISE 6. Put the words in the table according to their grammatical gender.

telefon, paszport, rondo, plac, szkoła, sklep, autobus, parkometr, muzeum, park, galeria, bilet, gazeta, adres, kawiarnia, restauracja, taksówka, lotnisko, ambasada

masculine	feminine	neuter

Grammar

Verbs: ***mówić*** *(to speak),* ***rozumieć*** *(to understand)*

Singular verb conjugation

mówić	**rozumieć**
(ja) mówi**ę**	(ja) rozumi**em**
(ty) mów**isz**	(ty) rozumi**esz**
(on/ona) mów**i**	(on/ona) rozumi**e**

Pronouns

The pronouns given in brackets are generally not used in sentences in which the context and verb conjugation, as well as the ending, indicate the person performing the action, e.g.:

John jest Anglikiem. (On) mówi po angielsku.

John is English. He speaks English.

Jan jest Polakiem. (On) mówi po polsku.
Jan is Polish. He speaks Polish.
Sabine jest Francuzką. (Ona) mówi po francusku.
Sabine is French. She speaks French.
Carmen jest Hiszpanką. (Ona) mówi po hiszpańsku.
Carmen is Spanish. She speaks Spanish.
Czy Carmen mówi po hiszpańsku? – Tak, (ona) mówi po hiszpańsku.
Does Carmen speak Spanish? – Yes, she speaks Spanish.
Czy John mówi po polsku? – Nie, (on) nie mówi po polsku.
Does John speak Polish? – No, John doesn't speak Polish.

Exercises

EXERCISE 7. Complete the table.

Country	**Language**	**I speak… / Mówię…**
Hiszpania		
	portugalski	
		po japońsku
Ukraina		
	grecki	
		po rosyjsku
Szwecja		
	bułgarski	
		po słowacku
Polska		

EXERCISE 8. Answer the questions with full sentences.

1. Czy mówi pani po angielsku?
Tak, ...

2. Czy mówi pan po francusku?
Nie, ...

3. Czy mówi pani po niemiecku?
Nie, ...

4. Czy rozumie pan po polsku?
Tak, ...

Dialogues and vocabulary

A business card

Anna Kowalska **Nauczycielka języka polskiego** Al. Jerozolimskie 55 m.1 00-695 Warszawa tel.: 0 22 432 26 89 anna@teacher.com	**Piotr Nowak** **Adwokat** ul. Nawrot 24 m. 30 00-682 Łódź tel.: 600 758 342 piotr.nowak@wp.pl

Jaki jest pana/pani adres?	What's your address?
Mój adres to..............	My address is.............
adres *m* (***To jest mój adres.***)	address (*This is my address.*)
adres e-mail	email address

Abbreviations

al. 'aleja' *f*	avenue
ul. 'ulica' *f*	street
m. 'mieszkanie' *n* (**numer mieszkania**)	flat (flat number)
nr 'numer' *m*	number
tel. 'telefon' *m*	telephone
tel. kom. 'telefon komórkowy'	mobile phone
@ *coll.* **'małpa'** *f*	"at"
. 'kropka' *f*	dot
- 'kreska' *f*, **'myślnik'** *m*	hyphen
_ 'podkreślnik' *m*	underscore

Polite/formal expressions and greetings

– Dzień dobry. Co u pani/pana słychać?
Good morning. How are you?
– Dziękuję, bardzo dobrze. A u pani/pana
Thank you, very good. And you?
– Wszystko w porządku. Dziękuję.
I am fine. Thank you.

Polite expressions

do widzenia	goodbye
dobranoc	good night
dobry wieczór	good evening
dziękuję	thank you
dzień dobry	good morning / good afternoon
proszę	please
przepraszam	sorry, excuse me

Cultural comments

The question **Co słychać?** (*How are you?)* requires an answer that is sometimes an invitation to a shorter or longer conversation.

When in a rush, one only needs to say **Dzień dobry!** *(Good morning!* or *Good afternoon!)* or **Cześć!** *(Hello!)* without asking any of the usual questions like **Co słychać?** (*How are you?*).

Dialogue

Anna: Dobry wieczór. Jestem Anna.
Good evening. I'm Anna.

Piotr: Dobry wieczór. Nazywam się Piotr Nowak. Bardzo mi miło.
Good evening. I'm Piotr Nowak. Nice to meet you.
Anna: Mnie również. A to jest moja koleżanka Kasia Rajska.
Nice to meet you, too. And this is my friend, Kasia Rajska.
Piotr: Bardzo mi miło.
Nice to meet you.
Kasia: Mnie również. Co słychać Aniu?
Nice to meet you, too. How are you doing, Ania?
Anna: Dziękuję, wszystko w porządku, a u ciebie?
Thank you, everything's fine, and what about you?
Kasia: Nieźle.
I'm pretty good.
Piotr: Czy jest pani nauczycielką?
Are you a teacher?
Kasia: Tak, a pan?
Yes and you?
Piotr: Ja jestem adwokatem. Proszę, to moja wizytówka.
I'm a lawyer. Here, this is my business card.
Kasia: Dziękuję bardzo. Czy pan mówi po angielsku?
Thank you very much. Do you speak English?
Piotr: Tak, oczywiście mówię po angielsku. A pani?
Yes, of course I do. And you?
Kasia: Trochę.
A little bit.

Vocabulary

adwokat *m* — lawyer, barrister, solicitor
co *pron.* — what
dobrze *adv.* — well, good
ja *pron.* — I, me
mówić *v imperf.* — to speak
nieźle *adv.* — pretty good
przepraszać *v imperf.* — to excuse, to apologize

Przepraszam. — Excuse me. / I apologize.
również *adv.* — also, too
słychać *v imperf.* (***Co słychać?***) — to hear (*How are you doing?*)
trochę *adv.* — a (little) bit
ty *pron.* (***Co u ciebie?***) — you (*How are you doing?*)
w porządku *adv.* — alright, O.K.
wizytówka *f* — business card

Exercises

EXERCISE 9. Answer the dialogue-related questions with full sentences.

1. Jak ma na imię pan Nowak?

....

2. Kim jest Kasia?

....

3. Czy Piotr jest politykiem?

....

4. Czy Piotr mówi po angielsku?

....

EXERCISE 10. Fill in the blanks.

1.
Kasia: Cześć. .... słychać?
Tomek: Dobrze, a u ....?
Kasia: W porządku.

2.
Piotr: .... dobry. .... się Piotr Wilk.
Anna: Bardzo mi .... Jestem Anna Nowacka.
Piotr: Mnie również .... miło.

3.
Anna: Dzień dobry, czy pan .... po angielsku?
Piotr: Tak, mówię, a pani?
Anna: Trochę, ale dobrze mówię po .... (German)

4.
Anna: Jak się ....?
Piotr: Jestem Piotr Nowak.
Anna: Czy mówisz po ....? (French)
Piotr: Tak, a ty?
Anna: Nie, ... po francusku.

5.
Anna: Czy pan jest ....? (Russian)
Jan: Nie, nie jestem. Jestem Czechem. A pani?
Anna: Jestem .... (Polish)

EXERCISE 11. Fill in the business card with your personal details and compare it with the sample answer.

....
Imię i nazwisko
....
zawód
....
adres
....
telefon
....
e-mail

EXERCISE 12. True or false? Put the letter T or F in the boxes below.

1. Sylwester Stallone jest politykiem. ☐
2. George Bush mówi po polsku. ☐
3. Andrzej Wajda jest reżyserem. ☐
4. Sandra Bullock jest poetką. ☐
5. Lech Wałęsa jest Polakiem. ☐

6. Kowalski to jest imię. ☐

7. Robert De Niro jest aktorem. ☐

EXERCISE 13. Build sentences from the words below (put them in the correct order).

1. pana miło mi poznać – ....
2. masz na jak imię – ....?
3. Robert się nazywam Nowacki – ....
4. mówisz po czy francusku – ....?
5. adres jest jaki pani – ....?
6. czy nauczycielem pan jest – ....?

Vocabulary

Numbers 1-10

Ile to jest?	How many?
1	**jeden**
2	**dwa**
3	**trzy**
4	**cztery**
5	**pięć**
6	**sześć**
7	**siedem**
8	**osiem**
9	**dziewięć**
10	**dziesięć**

EXERCISE 14. Fill in the missing letters in the numbers below.

1. dzie..ęć
2. osie..
3. je..en
4. sze..
5. d..a

6. trz..
7. pi..ć

EXERCISE 15.

a) Write your personal profile. Compare it with the sample answer.
Nazywam się ....
Jestem ....
Mówię po ....
Mój telefon to: ....
Mój adres e-mail: ....

b) Introduce your friend (male or female). Compare your answer with the sample.
To jest ....
On/Ona jest (his/her profession) ....
.... mówi po ....

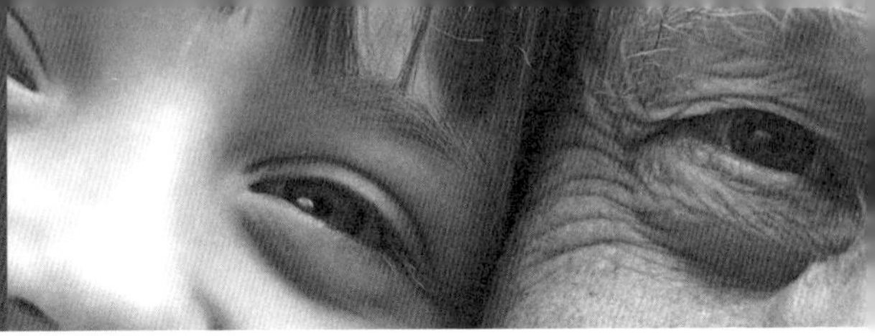

Lesson 2

Rodzina
Family

Part I. Talking with friends about family

Dialogues and vocabulary

Dialogue 1

Basia: To jest moja rodzina. To jest mój mąż, to jest mój syn, a to jest moja córka. A to... to jest mój kot i mój pies.
This is my family. This is my husband, my son and this is my daughter. And this... this is my cat and my dog.

Tomek: Kot i pies...? Czy kot i pies to też twoja rodzina?
A cat and a dog...? Are the cat and the dog also your family?

Basia: Oczywiście!
Of course!

Tomek: Hm... Bardzo miła rodzina. I bardzo ładne zdjęcie!
Hm... A very nice family. And a lovely photo!

Dialogue 2

Basia: Jak ma na imię twój syn?
What is your son's name?

Tomek: Mój syn ma na imię Marek.
My son's name is Marek.
Basia: A jak ma na imię twoja córka?
And what is your daughter's name?
Tomek: Alicja.
Alicja.
Basia: Piękne imię!
A beautiful name!

Dialogue 3

Basia: Ile lat ma twój syn Marek?
How old is your son Marek?
Tomek: Marek ma 19 (dziewiętnaście) lat.
Marek is 19 years old.
Basia: A ile lat ma twoja córka?
And how old is your daughter?
Tomek: Alicja ma 16 (szesnaście) lat.
Alicja is 16 years old.
Basia: Piękny wiek...
That is a great age…

Dialogue 4

Maria: Ach, jakie śliczne dziecko!
Ah, what a beautiful baby!
Anna: Dziękuję!
Thank you!
Maria: Czy to jest pani dziecko?
Is this your baby?
Anna: Tak, moje!
Yes, it is.
Maria: Syn czy córka?
A boy or a girl?

Anna: Córka.
A girl.
Maria: Ile ma*?
How old is she?
Anna: Pół roku.
6 months.
Maria: Naprawdę śliczna dziewczynka!
(She is) a really cute baby girl!

Vocabulary

a *coni.*	and
ach *inter.*	ah
córka *f*	daughter
dziecko *n*	baby, child
dziewczynka *f*	girl / baby girl
zdjęcie *n*	photo
i *coni.*	and
ile *pron.* (***ile lat***)	how much / how many (*how old*)
kot *m*	cat
ładny *adi.*	nice, pretty
mąż *m*	husband
miły *adi.*	nice
naprawdę *adv.*	really
oczywiście *adv.*	of course
piękny *adi.*	beautiful
pies *m*	dog
pół *indecl.* (***Dziecko ma pół roku.***)	half *(Baby is 6 months old.)*
rodzina *f*	family
śliczny *adi.*	cute, beautiful
syn *m*	son
wiek *m*	age

Key structures

To jest	mój	syn.	Masculine
	moja	córka.	Feminine
	moje	dziecko.	Neuter

Jak ma na imię	twój	syn?	Masculine
	twoja	córka?	Feminine
	twoje	dziecko?	Neuter

Ile lat ma	twój	syn?	Masculine
	twoja	córka?	Feminine
	twoje	dziecko?	Neuter

Mój syn	ma na imię	Marek.
Moja córka		Agata.
Moje dziecko		Jaś.

Mój syn	ma	(1) rok.
Moja córka		(2) dwa lata.
Moje dziecko		(5) pięć lat.

Grammar

Verb: **mieć**

In Polish, to give somebody's name and age we use the verb **mieć**:

mieć na imię
Moja córka ma na imię Alicja.

mieć X lat
Marek ma 19 lat.

Possessive pronouns: ***my, your***

We have already learned that the Polish language differentiates between three genders. The vocabulary of this lesson shows this division very clearly:
- **syn** (*son*) – masculine
- **córka** (*daughter*) – feminine
- **dziecko** (*child*) – neuter.

In addition, the structures used in this lesson demonstrate a very important rule of gender compliance. In Polish, if you want to use the possessive pronoun *my* or *your*, its grammatical form needs to be coordinated with the gender of the noun it accompanies:
- **mój, twój** for masculine (**mój mąż, twój syn**)
- **moja, twoja** for feminine (**moja córka, twoja koleżanka**)
- **moje, twoje** for neuter (**moje dziecko, twoje biuro**).

Formal Questions

The possessive pronouns **twój, twoja** and **twoje**, are not used when addressing someone we do not know (also when talking to elderly people and anyone with whom we are not on first name terms – see Lesson 12).

Such formal questions addressed to a woman are:
Czy to jest pani syn? – Is this your son?
Czy to jest pani córka? – Is this your daughter?
Czy to jest pani dziecko? – Is this your child?

Such formal questions addressed to a man are:
Czy to jest pana syn? – Is this your son?
Czy to jest pana córka? – Is this your daughter?
Czy to jest pana dziecko? – Is this your child?

▪ *Question:* ***Ile ma lat?***

The answer to the question **Ile ma lat?** *(How old is he/she?)* is:
– **Rok.** (A year old.)
– **Dwa lata. Trzy lata. Cztery lata.** (Two years old. Three years old. Four years old.)
– **Pięć lat.** (Five years old.)

In the first answer, **rok** (*a year*), we omit the word **jeden** (*one*). With numbers 2, 3 and 4 we use **lata** (*years*), however from 5 onwards (5, 6, 7 etc.) we use **lat** (*years*). It is a genitive plural form always used with the number 5 and subsequent numbers.

When talking about somebody's age, the following expressions are also used:
– **Pół roku.** (Half a year./6 months.)
– **Półtora roku.**(A year and a half.)

When asking about the age of a baby who seems to be under one year old, we omit the last part of the question "Ile ma lat?" and ask only: "Ile ma?"

Dialogues and vocabulary

▪ *Dialogue 5*

Ola: Mój nowy chłopak jest fantastyczny!
My new boyfriend is fantastic!

Basia: Jak wygląda?
What does he look like?

Ola: Jest bardzo przystojny! Jest wysoki, szczupły, ma ciemne długie włosy i piękne niebieskie oczy.
He's very handsome! He's tall and slim, has long dark hair and beautiful blue eyes.

Basia: Jaki jest?
What is he like?

Ola: Jest miły, dobry, inteligentny, oczytany, wierny...
He's nice, good, bright, well-read, faithful…

Basia: I ma na imię Adrian?
And is his name Adrian?
Ola: Tak... Skąd wiesz...?
Yes... How do you know...?

▪ *Dialogue 6*

Kasia: Twoja nowa dziewczyna nie jest specjalnie ładna...
Your new girlfriend isn't particularly pretty....
Robert: No wiesz! Jest bardzo ładna!
How can you say that? She's very pretty!
Kasia: Naprawdę?
Really?
Robert: No dobrze... może nie jest specjalnie ładna, ale jest zgrabna! Nie jest wysoka, ale jest szczupła i wysportowana.
All right.... maybe she isn't particularly pretty, but she's shapely! She isn't tall, but she's slim and fit.
Kasia: I co jeszcze?
And what else?
Robert: Jest sympatyczna i mądra. A ty? Jaka jesteś?
She's nice and smart. And you? What are you like?
Kasia: Jaka jestem? No... na pewno nie jestem brzydka!
What am I like? Well.... I'm certainly not ugly!
Robert: A nie jesteś przypadkiem trochę złośliwa? A może jesteś zazdrosna...?
Are you a bit malicious by any chance? Or maybe you're jealous...?

▪ *Dialogue 7*

Anna: Jakie jest twoje dziecko?
What's your child like?
Iza: Wesołe i mądre. A twoje?
Cheerful and smart. And yours?
Anna: Moje dziecko jest bardzo energiczne!
My child is very energetic!

Vocabulary

ale *coni.*	but
brzydki *adi.*	ugly
chłopak *m.*	boy, boyfriend
ciemny *adi.*	dark
dlaczego *adv.*	why
długi *adi.* (***długie włosy***)	long (*long hair*)
dziewczyna *f*	girl, girlfriend
energiczny *adi.*	energetic
fantastyczny *adi.*	fantastic
inteligentny *adi.*	bright, intelligent
jaki *pron.*	what
jeszcze *adv.* (***I co jeszcze?***)	still, yet (*And what else?*)
mądry *adi.*	smart
może (***A może jesteś zazdrosna?***)	maybe (*Or maybe you are jealous?*)
niebieski *adi.* (***niebieskie oczy***)	blue (*blue eyes*)
no! *part* (***No wiesz!***)	oh! (*How can you say that?!*)
oczytany *adi.*	well-read
oko *n*, **oczy** *pl*	eye, eyes
przypadkiem *adv.*	by chance
przystojny *adi.*	handsome
Skąd wiesz?	How do you know?
specjalnie *adi.*	particularly
sympatyczny *adi.*	nice
szczupły *adi.*	slim
też *adv.*	also
twój *pron.*	your
tylko *adv.*	only
wesoły *adi.*	cheerful
wiedzieć *v imperf.*	to know
wierny *adi.*	faithful
włos *m,* **włosy** *pl*	hair
wyglądać *v imperf.* (***Jak on wygląda?***)	to look like (*What does he look* like?)

wysoki *adi.* tall
wysportowany *adi.* fit
zazdrosny *adi.* jealous
zgrabny *adi.* shapely
złośliwy *adi.* malicious

Key structures

Mój chłopak	jest	wysoki, przystojny i inteligentny.
Moja dziewczyna		ładna i inteligentna.
Moje dziecko		miłe i inteligentne.

Jaki	jest	twój chłopak?
Jaka		twoja dziewczyna?
Jakie		twoje dziecko?

Jak wygląda	twój chłopak?
	twoja dziewczyna?
	twoje dziecko?

Mój chłopak	ma	piękne, ciemne, długie włosy.
Moja dziewczyna		piękne, długie nogi.
Moje dziecko		piękne, niebieskie oczy.

Grammar

Adjectives

The gender coordination rule also applies when you want to describe someone or something. The adjective form needs to be coordinated with the gender of the noun it accompanies.

Adjectives for singular nouns end with:

– **-y /-i** * for masculine
  Piękny wiek! – Great age!

- **-a** for feminine
  Bardzo miła rodzina! – Very nice family!
  Śliczna dziewczynka! – Beautiful girl!
- **-e** for neuter
  Śliczne dziecko! – Beautiful baby!
  Piękne imię! – Beautiful name!
  Bardzo ładne zdjęcie! – Very nice photo!

* The –**i** ending is always used after the consonants **k** and **g** (**wysoki** – *tall*; **długi** – *long*) and sometimes after –**n** and –**p** (**tani** – *cheap*; **głupi** – *stupid*). The –**y** ending is used after hard consonants (**dobry** – *good*; **szczupły** – *slim*).

All plural adjectives describing non-masculine personal nouns take the ending –**e**. It is, therefore, important **not** to use this ending when describing groups of men or groups with their presence.

Remember plural forms of the following nouns and adjectives:
zielone oczy – niebieskie oczy – piwne oczy
green eyes – blue eyes – hazel eyes
ciemne włosy – jasne włosy – długie włosy – krótkie włosy
dark hair – fair hair – long hair – short hair

Questions: ***Jak wygląda?*** ***Jaki jest? Jaka jest? Jakie jest?***

When interested in the external features of a person or thing ask:
Jak wygląda? – What does (he/she/it) look like?

When interested in the internal features of a person or thing ask:
Jaki jest? Jaka jest? Jakie jest? – What is he/she/it like?
The reply will give details of his/her/its character, but it may also give a description of his/her/its appearance.
Jak wygląda? – 'What does he/she/it look like?' is a specific question.
Jaki/jaka/jakie jest? – 'What is he/she/it like?' are general questions.

Dialogues and vocabulary

Dialogue 8

– Kto to jest?
Who is it?
– Nie wiem, nieznajoma.
I don't know, a stranger.

Dialogue 9

– Czy Aldona to twoja przyjaciółka?
Is Aldona your close friend?
– Nie, to po prostu koleżanka.
No, she's simply a friend.

Dialogue 10

– Kto to jest? Twój kolega?
Who is it? Your friend?
– To tylko znajomy.
He's just an acquaintance of mine.

Dialogue 11

– Czy to jest twój nowy szef?
Is this your new boss?
– Nie, to jest mój kolega. Mój nowy szef jest stary i tęgi.
No, this is my colleague. My new boss is old and chubby.

Vocabulary

nieznajoma *f*	stranger [female]
nieznajomy *m*	stranger [male]
nowy *adi.*	new
po prostu *adv.*	simply
przyjaciel *m*	close friend [male]
przyjaciółka *f*	close friend [female]
stary *adi.*	old
szef *m*	boss [male]
szefowa *f*	boss [female]
tęgi *adi.*	chubby
znajoma *f*	acquaintance [female]
znajomy *m*	acquaintance [male]

Good to know

There are different concepts of 'friend' in the social hierarchy:
- **znajomy** – **znajoma** (*an acquaintance*);
- **kolega** – **koleżanka** (*a friend*);
- **przyjaciel** – **przyjaciółka** (*a close friend*).

Znajomy (*an acquaintance*) is a person you know but do not keep in close touch with. **Kolega** (*a friend*) is a very wide term used not only to describe a work colleague or a student friend, but also a person with whom you maintain social relations, who you like and share interests with. **Przyjaciel** (*a close friend*) is a special person who you really trust and particularly like.

Exercises

EXERCISE 1. Choose and insert the correct possessive pronoun form using the following letters: (a) **mój** (b) **moja** (c) **moje**

1. To jest ...... kolega.

2. To jest ...... koleżanka.
3. To nie jest ...... dziecko.
4. To nie jest ...... znajomy.
5. To jest ….. mieszkanie.
6. To jest ...... biuro.

EXERCISE 2. Choose and insert the right possessive pronoun form using the following letters: (a) **twój** (b) **twoja** (c) **twoje**

1. Czy..... koleżanka mówi po polsku?
2. Czy to jest ..... dziecko?
3. Czy to jest ..... kolega?
4. Czy..... znajomy jest Amerykaninem?
5. Czy ..... dziewczyna jest Polką?
6. Czy ..... biuro jest ładne?

EXERCISE 3. Build a sentence from the given words:

1. lat – ma – ile – mąż – twój ?
2. czy – dziecko – pani – jest – to?
3. śliczna – córka – twoja – jest
4. szef – mój – energiczny – bardzo – jest
5. dziewczyna – włosy – ma – czy – twoja – długie?
6. twoja – jest – nie – znajoma – sympatyczna

EXERCISE 4. Choose and insert the antonyms of the adjectives given below.

brzydki, nowy, tęgi, stary, sympatyczny, przystojny, niski

1. wysoki – ....
2. ładny – ....
3. szczupły – ....
4. młody – ....

EXERCISE 5. Complete the adjectives with the endings: **-y**, **-i**, **-a** and **-e**.

1. Mój szef jest wysok__ i przystojn__.
2. Twoj__ znajoma jest ładn__ .
3. To jest mił_ pies.
4. Moj__ mieszkanie jest wysoki__ .
5. Twoj__ biuro jest piękn__ i elegancki__ .

Part II. In the family

Dialogues and vocabulary

TEXT

Mam na imię Zofia. To jest mój mąż Jan. Ja mam 72 lata, mój mąż ma 75 lat. A to jest cała nasza rodzina. Dzisiaj mamy złote wesele! To jest nasza córka Małgorzata i jej mąż Janusz. To nasza córka Krystyna i jej dzieci: Agnieszka i Adam. To jest nasz syn Bogdan i jego żona Barbara; nasza synowa to wspaniała, mądra kobieta. Małgorzata i Janusz to bardzo udane małżeństwo. Janusz – nasz zięć – jest bardzo pracowity! Małgorzata i Janusz mają ładny dom. Nie mają dzieci. Krystyna ma dwoje dzieci. Niestety, jej mąż już nie żyje. Bogdan ma troje dzieci. Dzisiaj są tu wszyscy: nasze dzieci, nasze wnuki i nasze prawnuki. Jest też moje rodzeństwo; moja siostra i mój brat oraz moja bratowa.

My name is Zofia. This is my husband Jan. I am 72 years old and my husband is 75 years old. And this is my whole family. Today we're celebrating our golden wedding anniversary! This is our daughter Małgorzata and her husband Janusz. This is our daughter Krystyna and her children, Agnieszka and Adam. This is our son Bogdan and his wife Barbara. Our daughter–in-law is a wonderful, smart lady. Małgorzata and Janusz are a very happy couple. Janusz, our son-in-law, is very hard working. Małgorzata and Janusz have a nice house. They do not have children. Krystyna has two children. Unfortunately, her husband is already dead. Bogdan has three children. Today, everyone is here – our children, our grand-children and our great grand-children. My siblings are here as well – my sister, my brother and my sister-in-law.

■ *Dialogue 13*

Wszyscy: Sto lat, sto lat, niech żyją, żyją nam! Jeszcze raz, jeszcze raz niech żyją, żyją nam! Niech żyją nam!
Happy Wedding Anniversary! May you have many more happy years together!

Bogdan: Nasz ojciec to wspaniały, mądry człowiek!
Our father is a great, smart man!

Małgorzata: Nasza matka to wspaniała, tolerancyjna kobieta!
Our mother is a great, understanding woman!

Adam: Tak, tak! Nasz dziadek jest super! Nasza babcia też!
Yes! Yes! Our grandfather is super! Our grandmother as well!

■ *Dialogue 14*

Bogdan: Nasi rodzice mają dziś złote wesele.
Our parents have their golden wedding anniversary today.

Alicja: Co to znaczy „złote wesele"?
What does a golden wedding anniversary mean?

Bogdan: To znaczy, że są małżeństwem już 50 lat. A twoi rodzice?
It means that they have been married for 50 years. And your parents?

Alicja: Moi rodzice nie są razem.
My parents are not together.

Bogdan: O, przepraszam, przykro mi.
Oh, I'm sorry.

■ *Dialogue 15*

Alicja: Twój teść jest bardzo sympatyczny.
Your father-in-law is very nice.

Janusz: Tak, i ma poczucie humoru.
Yes, and he has a sense of humour.

Alicja: Twoja teściowa też jest miła.
Your mother–in-law is nice as well.

Janusz: Tak, jest miła i mądra. A jaka jest twoja teściowa?
Yes, she is nice and smart. And what is your mother-in-law like?

Alicja: Niestety, typowa!
Unfortunately, typical!

Janusz: Rozumiem...
I understand.....

■ *Dialogue 16*

Alicja: Czy to jest wasz syn? A ta piękna dziewczyna to wasza córka?
Is this your son? And this beautiful girl is your daughter?

Barbara: Tak, tak... nasze dzieci już są dorosłe...
Yes, yes... our children are adults already...

Alicja: Wasz syn to bardzo przystojny młody mężczyzna.
Your son is a very handsome young man.

Barbara: Dziękujemy, to prawda...
Thank you, it's true...

Alicja: A kim jest ta piękna, młoda kobieta...?
And who is this beautiful, young woman?

Piotr: Mamo! Tato! To jest moja narzeczona, Anna. Anno, to są moi rodzice.
Mum! Dad! This is my fiancée, Anna. Anna, these are my parents.

Barbara: Bardzo nam miło!
Very nice to meet you.

Anna: Bardzo mi miło!
Nice to meet you!

Alicja: Ach, jaka piękna para...
Ah, what a beautiful couple...

Vocabulary

babcia *f*	grandmother
brat *m*	brother
bratowa *f*	sister-in-law
człowiek *m*	person, human (being)
dorosły *adi.* (***Mój syn jest dorosły.***)	adult (*My son is an adult.*)
dziadek *m*	grandfather
dzieci *pl*	children
dwoje *num.* (***dwoje dzieci***)	two (*two children*)
dzisiaj *adv.*	today
ich *pron.*	their
jego *pron.*	his
jej *pron.*	her
już *adv.*	already
kobieta *f*	woman
matka *f*, **mama** *f*	mother, mum
małżeństwo *n*	marriage
mądry *adi.*	smart
mężczyzna *m*	man
młody *adi.*	young
nam *pron.* (***Bardzo nam miło!***)	us (*Nice to meet you*!)
narzeczona *f*	fiancée
narzeczony *m*	fiancé
nasz *pron.*	our
niestety *adv.*	unfortunately
ojciec *m*	father
oraz *coni.*	and
poczucie *n* **humoru**	sense of humour
pracowity *adi.*	hard-working
prawnuk *m*	great-grandson
Przykro mi!	I am sorry!
razem *adv.*	together
rodzeństwo *n*	siblings
rodzice *pl*	parents

rodzina *f*	family
siostra *f*	sister
synowa *f*	daughter-in-law
sympatyczny *adi.*	nice
teść *m*	father-in-law
teściowa *f*	mother-in-law
tolerancyjny *adi.*	understanding, tolerant
troje *num.*(***troje dzieci***)	three (*three children*)
typowy *adi.*	typical
uczciwy *adi.*	honest
udane małżeństwo *n*	happy marriage
wasz *pron*	your
wesele *n* (***złote wesele***)	wedding (*golden wedding*)
wspaniały *adi.*	great, wonderful
wnuczka *f*	granddaughter
wnuk *m*	grandson
wszyscy *pron.*	everybody
zięć *m*	son-in-law
złoty *adi.*	golden
znaczyć *v imperf.* (***Co to znaczy?***)	to mean (*What does it mean?*)
żona *f*	wife
żyć *v imperf.* (***Jej mąż już nie żyje.***)	to live (*Her husband is already dead.*)

Grammar

Noun-adjective compliance

There are different words describing certain bonds between people e.g. **związek** (*a couple*), **małżeństwo** (*a marriage*), **rodzeństwo** (a singular noun meaning *siblings*). When we describe, pay compliments to or comment on such nouns, it is important to remember about retaining compliance between the noun and adjective numbers.

Below, you can find some exemplary sentences from the lesson:

Masculine	Feminine	Neuter
To jest udany związek. This is a happy couple.	**To jest ładna para.** This is a beautiful couple.	**To jest dobre małżeństwo.** This is a good marriage. **To jest zgodne rodzeństwo.** They are harmonious siblings.

Possessive pronouns

To jestem ja.	To jest mój ojciec. To jest moja matka. To jest moje dziecko. To są moje dzieci. To są **moi** rodzice.
To jesteś ty.	To jest twój brat. To jest twoja siostra. To jest twoje dziecko. To są twoje dzieci. To są **twoi** rodzice.

To jesteśmy my.	To jest nasz syn. To jest nasza córka. To jest nasze dziecko. To są nasze dzieci. To są **nasi** rodzice.
To jesteście wy.	To jest wasz zięć. To jest wasza synowa. To jest wasze dziecko. To są wasze dzieci. To są **wasi** rodzice.

To jest on.	To jest jego syn / córka / dziecko. To są jego dzieci / rodzice.
To jest ona.	To jest jej syn / córka / dziecko. To są jej dzieci / rodzice.
To są oni.	To jest ich syn / córka / dziecko. To są ich dzieci / rodzice.
To są one.	To jest ich syn / córka / dziecko. To są ich dzieci / rodzice.

■ *Key structures with the verb* ***mieć***

Ja mam jedno dziecko.	I have one child.
Ty też masz jedno dziecko.	You also have one child.
On ma dwoje dzieci.	He has two children.
Ona też ma dwoje dzieci.	She also has two children.
My mamy troje dzieci.	We have two children.
Wy macie czworo dzieci.	You have four children.
Oni nie mają dzieci.	They do not have children.
Czy masz dzieci?	Do you have children?
Czy on ma dzieci?	Does he have children?
Czy oni mają dzieci?	Do they have children?
Czy pan ma dzieci?	Do you have children?
Czy pani ma dzieci?	Do you have children?
Czy macie dzieci?	Do you have children?
Czy państwo mają dzieci?	Do you have children?

■ *Possessive pronouns with masculine-personal and non-masculine personal genders*

In plural forms, Polish grammar differentiates between masculine-personal and a non-masculine personal genders. It favours the former, which describes men and groups of men and women (even if there is only one man).

Therefore, when speaking about a group of at least two or more people, in which there is at least one male (e.g. **rodzice: matka i ojciec**), we use possessive pronouns in plural forms for the masculine-personal gender: **moi, twoi, nasi, wasi**.

The word **dziecko** is neuter in gender and, as such, gives no information about a child's sex. Therefore, when speaking about children, we use possessive pronouns for the non-masculine personal gender: **moje, twoje, nasze, wasze**.

Please remember:

moje dzieci	but:	**moi rodzice**
twoje dzieci	but:	**twoi rodzice**
nasze dzieci	but:	**nasi rodzice**
wasze dzieci	but:	**wasi rodzice**

▪ *Numbers*

Cardinal numbers:

11	**jedenaście**
12	**dwanaście**
13	**trzynaście**
14	**czternaście**
15	**piętnaście**
16	**szesnaście**
17	**siedemnaście**
18	**osiemnaście**
19	**dziewiętnaście**

Numerals 11-19 are formed by adding the ending **–naście** to numbers 1-9 respectively. Please note that in the case of 15, 16 and 19 adding the ending **–naście** requires some changes in spelling:

pięć : **piętnaście** (**ć** : **t**);

sześć : **szesnaście** (**ś** : **s**);

dziewięć : **dziewiętnaście** (**ć** : **t**).

20	**dwadzieścia**
30	**trzydzieści**
40	**czterdzieści**
50	**pięćdziesiąt**
60	**sześćdziesiąt**
70	**siedemdziesiąt**
80	**osiemdziesiąt**
90	**dziewięćdziesiąt**
100	**sto**

Numerals 20-90 are multiples of number 10 (**dziesięć**) and they include an element of this number in their names. Please note different endings –dzie**ścia** (20), -dzie**ści** (30, 40), -dzie**siąt** (50-90).

Please remember:
The forms of the numerals used when speaking about the number of children are: **jedno, dwoje, troje** (*one, two, three*); higher numbers use forms with the ending **–oro**, e.g. **czworo, pięcioro, sześcioro** etc. (*four, five, six*, etc.)

jedno dziecko	one child
dwoje, troje dzieci	two, three children
czworo, pięcioro, etc. **dzieci**	four, five children

Exercises

EXERCISE 6. On the basis of the text decide if the statements given below are true or false by putting either T (true) or F (false).

1. Zofia i Jan mają troje dzieci.

2. Barbara to jest ich córka.

3. Ich syn ma na imię Janusz.

4. Adam to jest ich wnuk.

5. Agnieszka to jest ich wnuczka.

6. Adam i Agnieszka to jest brat i siostra.
7. Małgorzata i Janusz mają dzieci.
8. Bogdan i Barbara mają dwoje dzieci.

EXERCISE 7. Complete the definitions below using the following words: **ojciec**, **brat**, **mąż**, **żona**, **siostra**, **matka**.

1. Małżeństwo – .... i ....
2. Rodzeństwo – ...., ...
3. Rodzice – .... i ....

EXERCISE 8. Complete the sentences with one of the following words: **dzieci**, **małżeństwo**, **rodzice**.

1. Mąż i żona to jest ....
2. Brat i siostra to jest ....
3. Ojciec i matka to są ....

EXERCISE 9. Insert the correct form of the verb **mieć** to make a formal or an informal question.

(a) **masz** (b) **ma** (c) **macie** (d) **mają**

1. Czy pani .... rodzinę?
2. Czy (wy)......... dzieci?
3. Czy państwo .... dzieci?
4. Czy (ty)......... rodzeństwo?
5. Ile (ty) ..... lat?

EXERCISE 10. Choose and insert the correct form: **jeden**, **jedno**, **dwa**, **dwoje**, **trzy**, **troje**, **cztery**, **czworo**.

1. Mój przyjaciel ma .... dzieci. (*two*)
2. Czy ty masz .... dziecko? (*one*)
3. Oni mają .... dzieci. (*three*)
4. Moja znajoma ma .... dzieci. (*four*)

EXERCISE 11. Insert the correct adjective endings in the expressions below:

1. Ładn__ para
2. Dobr__ małżeństwo
3. Udan__ związek

EXERCISE 12. Insert the correct form of the possessive pronoun as suggested by the personal pronoun.

1. To są (ja) ……… rodzice.
2. Czy to są (ty) ……… dzieci?
3. Czy (wy) ……… rodzice żyją?
4. To są (my)……… rodzice.
5. (wy) ……… dzieci są miłe.
6. (my) ……… babcia ma 80 lat.

Lesson 3

W domu i w pracy
At home and at work

Dialogues and vocabulary

Dialogue

Michał: Cześć. Jestem Michał.
Hello. I'm Michał.
Marta: Cześć. Jestem Marta.
Hello. I'm Marta.
Michał: Miło mi.
Nice to meet you.
Marta: Mnie również.
You too.
Michał: Czy jesteś studentką?
Are you a student?
Marta: Tak, a ty?
Yes, and you?
Michał: Ja też jestem studentem. Co studiujesz?
I'm also a student. What do you study?
Marta: Kulturoznawstwo. A ty?
Cultural studies. And you?
Michał: Ja studiuję marketing i zarządzanie. Gdzie mieszkasz?
I study marketing and management. Where do you live?

Marta: Mieszkam w akademiku, a ty?
I live in a student hall. And you?

Michał: Niestety nie mieszkam w akademiku. Mieszkam z siostrą, bratem i rodzicami. Gdzie znajduje się twój akademik?
Unfortunately, I don't live in a student hall. I live with my sister, brother and parents. Where is your student hall?

Marta: Na ulicy Kickiego.
On Kickiego Street.

Michał: Gdzie to jest? Na Saskiej Kępie?
Where is it? In Saska Kępa?

Marta: Nie, na Grochowie. A ty w jakiej dzielnicy mieszkasz? Może na Pradze?
No, in Grochów. And what district do you live in? In Praga, maybe?

Michał: Nie, mieszkam na Mokotowie przy ulicy Puławskiej. Mieszkam w Warszawie dwadzieścia pięć lat, czyli całe życie. A ty jak długo mieszkasz w Warszawie?
No, I live in Mokotów, on Puławska Street. I've been living in Warsaw for 25 years, which means my whole life. And how long have you been living in Warsaw?

Marta: Rok i dwa miesiące.
A year and two months.

Michał: Co robisz dziś wieczorem?
What are you doing this evening?

Marta: Pracuję.
I'm working.

Michał: Gdzie?
Where?

Marta: W pubie. Jestem kelnerką. A ty nie pracujesz?
In a pub. I'm a waitress. Don't you work?

Michał: Ja też pracuję, ale dziś wieczorem mam wolne.
I work too, but I have this evening off.

Marta: W jakiej firmie pracujesz? Czym się zajmujesz?
What company do you work for? What do you do?

Michał: Pracuję w firmie „M&S". Zajmuję się logistyką.
I work for "M&S". I deal with logistics.

Marta: Na jakiej ulicy znajduje się twoja firma?
What street is your company on?

Michał: Na Hożej. A twój pub?
On Hoża. And your pub?

Marta: Na Kruczej.
On Krucza.

Michał: A więc pracujemy w centrum. Czy masz czas jutro wieczorem?
So we work in the centre. Do you have time tomorrow evening?

Marta: Tak, jutro wieczorem nie pracuję.
Yes, I'm not working tomorrow evening.

Michał: To dobrze. Zapraszam cię więc na spacer, a potem na piwo. Jaki jest twój numer telefonu?
Good. I invite you then for a walk and after then for a beer. What's your phone number?

Marta: 0 663 034 031. A jaki jest numer twojej komórki?
0 663 034 031. And what's your mobile phone number?

Michał: 0 399 430 130.
0 399 430 130.

Marta: Dziękuję za zaproszenie.
Thank you for the invitation.

Vocabulary

a *coni.*(***a potem…***)	and (*and after that…*)
akademik *m*	student hall
kwestionariusz *m* **osobowy**	personal questionnaire
centrum *n*	centre
data *f* (***data urodzenia***)	date *(date of birth)*
dom *m*	house, home
dzielnica *f*	district
dzień *m*	day
dziś *adv.*	today
Gdzie?	Where?
kelnerka *f*	waitress

kod *m* **pocztowy**	postal code
telefon *m* **komórkowy** (**komórka** *f*)	mobile phone
telefon *m* **kontaktowy**	contact phone number
kraj *m*	country
kulturoznawstwo *n*	cultural studies
logistyka *f*	logistics
marketing *m*	marketing
mieć czas	to have time (to do something)
mieć wolne	to have time off
miejsce *n* **urodzenia**	place of birth
miejsce *n* **zamieszkania**	home address
miejscowość *f*	town
miesiąc *m*	month
mieszkać *v imperf.*	to live
na ulicy	on the street
nie *part.*	no
niestety *part.*	unfortunately
numer *m*	number
obywatelstwo *n*	nationality
piwo *n*	beer
potem *adv.*	later, after that
pracować *v imperf.*	to work
przy ulicy Puławskiej	on Puławska Street
pub *m*	pub
rok *m*	year
również *coni.*	also
spacer *m*	a walk
w *praep.*	at/in
więc *coni.*	so
województwo *n*	region, province (Polish administrative unit)
z *praep.*	with
zajmować się *v imperf.*	to deal with, to do something, to work
zapraszać *v imperf.*	to invite

zarządzanie *n* management
znajdować się *v imperf.* to be located

Grammar

The nominative and the locative

In Polish, nouns, adjectives, pronouns (personal, possessive and interrogative), numerals and adjective participles are all inflected for different cases. Examples of cases:

Mianownik (*nominative*) – **kto? co?** – *who? what?* in questions for nouns, **jaki? jaka? jakie?** – *what?* in questions for adjectives;

Miejscownik (*locative*) – **(o) kim? (o) czym**? – (*about*) *whom?* (*about*) *what?* in questions for nouns, **(w) jakim? (w) jakiej? (w) jakim**? – (*in*) *what?* in questions for adjectives.

The preposition **w** (*in/at*) is used with nouns in the locative: **w Europie** (*in Europe*), **w Polsce** (*in Poland*), **w Warszawie** (*in Warsaw*), **w Pradze** (*in Prague* – capital of the Czech Republic), **w Wielkopolsce** (*in Wielkopolska*), **w Małopolsce** (*in Małopolska*), **w Bawarii** (*in Bavaria*), **w Szkocji** (*in Scotland*), **w domu** (*at home*), **w sklepie** (*in the shop*), **w centrum** (*in the centre*). If the preposition **w** is followed by a noun beginning with at least two consonants (apart from **rz, sz, cz, ch, dż** and **dź**), we usually use the form **we**, e.g. **we Francji** (*in France*), **we Wrocławiu** (*in Wrocław*).

Some nouns, however, take the preposition **na**, e.g. **na uniwersytecie** (*at the university*), **na lotnisku** (*at the airport*), **na poczcie** (*at the post office*), **na Białorusi** (*in Belarus*), **na Ukrainie** (*in Ukraine*), **na Węgrzech** (*in Hungary*), **na Mazowszu** (*in Mazovia*), **na Śląsku** (*in Silesia*), **na Mokotowie** (*in Mokotów*), **na Pradze** (*in Praga* – district of Warsaw).

The preposition **na** describes a location on the surface of something e.g. **na ulicy** (*on/in the street*), **na biurku** (*on the desk*), **na telewizorze** (*on the

TV-set). Also, it is used when referring to islands and peninsulas, e.g. **na Sycylii** (*in Sicily*), **na Majorce** (*in Majorca*), **na Kubie** (*in Cuba*), **na Bałkanach** (*in the Balkans*).

The expression **mieszkać na/przy ulicy** (*to live on ... Street*) is used to describe an address:
Mieszkam na ulicy Marszałkowskiej. or **Mieszkam przy ulicy Marszałkowskiej**. (*I live on Marszałkowska Street.*)

The locative case answers the question **gdzie?** (*where?*), e.g.:
Gdzie mieszkasz? – Where do you live?
Gdzie znajduje się ulica Marszałkowska? – Where is Marszałkowska Street?
Gdzie jest Marta? – Where is Marta?
Gdzie pracuje Michał? – Where does Michał work?
It is also possible to build more detailed questions, e.g.:
W jakiej firmie pracujesz? – What company do you work for?
Na (/przy) jakiej ulicy mieszkasz? – What street do you live on?
W jakim pubie Michał spotyka się z Martą? – In what pub are Michał and Marta meeting?

Exercises

Vocabulary

akwarium *n*	aquarium
atrakcja *f*	attraction
biuro *n*	office
blog *m*	blog
chodzić *v imperf.*	to walk
ćwiczyć *v imperf.*	to exercise
drukarnia *f*	print shop
dzwonić *v imperf.*	to call
fabryka *f*	factory, plant

gałąź *f*	branch
jeść *v imperf.*	to eat
kampania *f*	campaign
kawiarnia *f*	coffee house
kolacja *f*	dinner/supper
kontaktować się *v imperf.*	to contact
kontrola *f*	control
księgarnia *f*	bookshop
kuchnia *f*	kitchen
loża *f*	box, lodge
łazienka *f*	bathroom
miesiąc *m*	month
miłość *f*	love
muzeum *n*	museum
myć się *v imperf.*	to wash
mysz *f*	mouse
obywatelstwo *n*	nationality
parkować *v imperf.*	to park
pisać *v imperf.*	to write
podróżować *v imperf.*	to travel
pokój *m*	room
praca *f.*	work, job
pytać *v imperf.*	to ask
przyjaźń *f*	friendship
restauracja *f*	restaurant
robić *v imperf.*	to do, to make
rok *m*	year
rok *m* **szkolny**	school year
rozmawiać *v imperf.*	to talk
solarium *n*	sunbed
spotykać się *v imperf.*	meet
sypialnia *f*	bedroom
szafa *f*	wardrobe
szkoła *f*	school
telewizja *f*	television

telewizor *m*	TV set
tydzień *m*	week
uczyć się *v imperf.*	to learn
wakacje *pl*	holiday
wiek *m*	age; century
władza *f*	power
zawód *m*	occupation, profession

Abbreviations

m-c (miesiąc)	month
NIP (numer identyfikacji podatkowej)	tax identification number
nr (numer)	number
PESEL	personal identification number
ur. (urodzony)	born

EXERCISE 1. Based on the dialogue, fill in the questionnaire.

ARKUSZ PERSONALNY

TELEFON KONTAKTOWY: ....

NIP

PESEL

Nazwisko: .... Imię: ....

Obywatelstwo: ....

Data urodzenia: dzień, m-c, rok: _ _ – _ _ – _ _ _ _

Miejsce ur. ....

MIEJSCE ZAMIESZKANIA:

Kraj: .... Województwo: ....

Dzielnica: .... Ulica: ....

Nr domu / lokalu: .... Miejscowość: ....

Kod pocztowy: _ _ – _ _ _ Poczta: ....

Grammar

Key structures with the locative, instrumental and accusative cases

– used when answering the question **gdzie?** (*where?*)
mieszkać w (+ locative) – to live at/in
mieszkać w Polsc**e** (*in Poland*), w Warszawi**e** (*in Warsaw*), w Centrum (*in the centre*), w akademik**u** (*in/at a student hall*), w dom**u** (*at home*)

mieszkać na (+ locative) – to live in/on
mieszkać na/przy ulic**y** Kruczej (*on Krucza Street*), na/przy ulic**y** Hożej (*on Hoża Street*)
mieszkać na Mokotowi**e** (*in Mokotów*), na Pradz**e** (*in Praga*)

pracować w (+ locative) – to work in/at/for
pracować w firmi**e** „M&S" (*for the company „M&S"*), w pubi**e** (*in a pub*),

– used when answering the question **z kim?** (*with whom?*)
mieszkać z (+ instrumental) – to live with
mieszkać z mam**ą** (*with (one's) mom*), z brat**em** (*with (one's) brother*), z rodzic**ami** (*with (one's) parents*)
(**z rodzicami** is an instrumental plural form)

rozmawiać z (+ instrumental) – to talk to/with
rozmawiać z koleg**ą** (*with a friend*), z klient**em** (*with a client*)

spotykać się z (+ instrumental) – to meet with
spotykać się z koleżank**ą** (with *a friend*), z chłopaki**em** (*with a boyfriend*)

– used when answering the question **czym?** (*what?*)
zajmować się (+ instrumental) – to deal with
zajmować się: logistyk**ą** (*with logistics*), marketingi**em** (*with marketing*), kulturoznawstw**em** (*with cultural studies*)

- used when answering the question **co?** (*what?*)
  mieć (+ accusative) – to have
  mieć czas (*to have time*), mieć wolne (*to have time off*)

■ *Prepositions*

In Polish, verbs are accompanied by specific prepositions which require the use of nouns in specific cases, e.g.:
- **w** (*in/at*) goes with the locative – **mieszkać w Polsce** (*to live in Poland*), **pracować w pubie** (*to work in a pub*);
- **z** (*with*) (as in **z kim?** *with whom?*) goes with the instrumental – **pracować z kolegą** (*to work with a colleague*), **rozmawiać z klientem** (*to talk with a client*).

In certain cases, some verbs accompany nouns without any prepositions, e.g.: **zajmować się logistyką i kulturoznawstwem** (*to deal with logistics and cultural studies*), **mieć wolne** (*to have time off*).

When used in the singular locative, the majority of nouns in all three genders end with an **–e**. This results in a softening of the preceding consonant:
pub : **w pubie** (*pub : in a pub*)
szafa : **w szafie** (*wardrobe : in a wardrobe*)
film : **w filmie** (*movie : in a movie*)
kino : **w kinie** (*cinema : in a cinema*)
Europa : **w Europie** (*Europe : in Europe*)
Warszawa : w Warszawie (Warsaw : in Warsaw)
Kraków : **w Krakowie (ó : o)** (*Cracow : in Cracow*)
prasa : **w prasie** (*press : in the press*)
praktyka : **w praktyce (k : c)** (*practice : in practice*)
internet : **w internecie (t : ci)** (*Internet : on the Internet*)
teatr : **w teatrze (r : rz)** (*theatre : in/at the theatre*)
Praga : w Pradze (g : dz) (Prague: in Prague)
szkoła : **w szkole (ł : l)** (*school : in/at school*)

Some masculine and neuter nouns end with a **-u:**
- All nouns ending with **–m**, **-ń**, **-ź**, **-dź**, **-ć**, **–ś**, **-l**, **-c**, **-cz**, **-sz**, **–ż**, **-dz** **–dż**, or **–k**, **-g**, **-ch**:

dzień : **w dniu**
tydzień : **w tygodniu**
miesiąc : **w miesiącu**
rok : **w roku**
Paryż : **w Paryżu**
hotel : **w hotelu**
blog : **w blogu**
dom : **w domu**

– Some nouns ending with –**w** may also end with –**u** when in singular locative:
Wrocław : **Wrocławiu**.

An –**i**/-**y** ending is used with some feminine nouns only:

– feminine nouns ending with **-ń, -ź, -dź, -ć, -ś** and –**l** end in the singular locative with –**i**: **przyjaźń** : **przyjaźni** (*friendship*)
gałąź : **gałęzi** (*branch*)
miłość : **miłości** (*love*)
kontrola : **kontroli** (*control*)
– feminine nouns ending with **-nia** end in the singular locative with –**ni**:
kuchnia : **kuchni** (*kitchen*)
drukarnia : **drukarni** (*print shop*)
księgarnia : **księgarni** (*book shop*)
Words of foreign origin ending with –**nia** may also take the **-nii** ending in the singular locative:
Dania : **Danii** (*Denmark*)
kampania : **kampanii** (*campaign*)
– feminine nouns ending with –**cja** and **-zja** end in the singular locative with –**cji** and **-zji** respectively:
Grecja : **Grecji** (*Greece*)
atrakcja : **atrakcji** (*attraction*)
Tunezja : **Tunezji** (*Tunisia*)
telewizja : **telewizji** (*television*)
– feminine nouns ending with: **-c**, **-cz**, **-sz**, **-ż**, **-dz**, **-dż** end in the singular locative with –**y:**
ulica : ulicy (*street*)
mysz : **myszy** (*mouse*)

loża : **loży** (*lodge*)
władza : **władzy** (*authority*)
Kambodża : **Kambodży** (*Cambodia*)

Nouns ending with **–um** are of neuter gender and do not inflect in the singular, e.g. **muzeum**, **solarium**, **akwarium**, **Monachium.**

Exercises

EXERCISE 2. Choose the correct form.

1. Michał mieszka w Gdańsk / Gdańsku.
2. Natasza mieszka w Moskwa / Moskwie.
3. Zdenek mieszka w Pradze / Praga.
4. Heide mieszka w Berlin / Berlinie.
5. Susan mieszka w Londynie / Londyn.
6. Jean mieszka w Hanowerze / Hanower.

EXERCISE 3. Answer the questions.

1. Gdzie znajduje się Wawel?
   .... (Kraków)
2. Gdzie jest wieża Eiffla?
   .... (Paryż)
3. Gdzie znajduje się Moskwa?
   .... (Rosja)
4. Gdzie znajduje się Porto?
   .... (Portugalia)
5. Gdzie jest Wiedeń?
   .... (Austria)
6. Gdzie znajduje się Barcelona?
   .... (Hiszpania)

EXERCISE 4. Decide if the sentences are true or false. Build sentences as in the example below.

Dzielnica Praga jest w Pradze. Fałsz. Dzielnica Praga jest w Warszawie.

1. Luwr znajduje się w Paryżu. ....
2. Sagrada Familia jest w Madrycie. ....
3. Kreml jest w Monachium. ....
4. Etna znajduje się na Ibizie. ....
5. Schiphol znajduje się w Rzymie. ....
6. Fiordy są w Norwegii. ....

EXERCISE 5. Underline the correctly constructed sentences.

1. Marta mieszka w ulicy Kickiego.
2. Michał mieszka w Mokotowie.
3. Michał mieszka w Warszawie.
4. Marta pracuje przy ulicy Kruczej.
5. Marta jest w ulicy.
6. Michał jest uniwersytecie.

EXERCISE 6. Fill in the gaps using prepositions **w** or **na**.

1. Wrocław znajduje się .... Polsce.
2. Jan pracuje .... Irlandii.
3. Mieszkamy .... centrum .... ulicy Marszałkowskiej.
4. .... Warszawie .... Pradze jest zoo.
5. Monika rozmawia z Marcinem .... ulicy.
6. Michał studiuje .... uniwersytecie .... Monachium.

EXERCISE 7. Follow the example and build sentences using the correct preposition, **w** or **na**.

Example: szkoła – Oni są w szkole.

1. fabryka – ....
2. sypialnia – ....
3. kawiarnia – ....
4. restauracja – ....
5. Australia – ....
6. kolacja – ....
7. dzielnica Praga – ....
8. łazienka – ....
9. Petersburg – ....
10. firma – ....
11. kuchnia – ....
12. dom – ....
13. Grecja – ....
14. Tunezja – ....
15. uniwersytet – ....
16. droga – ....
17. akademik – ....
18. centrum – ....
19. biuro – ....
20. Szwecja – ....
21. teatr – ....
22. pokój – ....
23. pub – ....
24. praca – ....
25. Norwegia – ....
26. Afryka – ....
27. Monachium – ....
28. Malezja – ....
29. ulica – ....
30. Ameryka – ....

Grammar

Verb conjugation

In Polish, verb infinitives end with **–ć** or, less often, with **–c**: **mieszkać, robić, podróżować**, **biec** (*to run*), **piec** (*to bake*).

Reflexive verbs consist of the verb and the reflexive pronoun **się**, e.g. **spotykać się, uczyć się.** The pronoun does not undergo inflection (see table).

When addressing someone using **pan**, **pani**, the verb is used in the 3rd person singular, e.g. **Czy pan mieszka w Warszawie?** – Do you live in Warsaw?
When addressing other people with **panie** (*madams*), **panowie** (*sirs*), **państwo** (*sir(s)* + *madam(s)* or *madams*), the verb is used in the 3rd person plural, e.g.
Czy państwo mówią po polsku? – Do you speak Polish?
These forms are polite and formal.
In writing, when addressing a person or a group of people with **pan**, **pani**, **panowie**, **panie**, or **państwo,** the polite form can be emphasized by capitalizing the first letter of the word, e.g. **Czy Pan mieszka w Warszawie?** – Do you live in Warsaw?
Czy Państwo mówią po polsku? – Do you speak Polish?

All Polish verbs inflect according to four main conjugation models. In the 2nd person singular they all end with **–sz**. For each plural there is also one, fixed conjugation model: -**my, -cie, -ą (-ją/ią/dzą)**.

1st conjugation model

singular	**endings**	**examples:** **pisać, myć się**
(ja)	**-ę**	piszę, myję się
(ty)	**-esz**	piszesz, myjesz się
(on, ona, ono) pan, pani	**-e**	pisze, myje się

plural		
(my) (wy) (oni, one) panowie, panie, państwo	**-my** **-cie** **-ą**	piszemy, myjemy się piszecie, myjecie się piszą, myją się

2nd conjugation model

singular	**endings**	**examples:** **mówić, uczyć się**
(ja) (ty) (on, ona, ono) pan, pani	**-ę** **-isz/-ysz** **-i/-y**	mówię, uczę się mówisz, uczysz się mówi, uczy się
plural		
(my) (wy) (oni, one) panowie, panie, państwo	**-my** **-cie** **-ą/-ią**	mówimy, uczymy się mówicie, uczycie się mówią, uczą się

3rd conjugation model

singular	**endings**	**examples:** **mieć, spotykać się**
(ja) (ty) (on, ona, ono) pan, pani	**-am** **-asz** **-a**	mam, spotykam się masz, spotykasz się ma, spotyka się
plural		
(my) (wy) (oni, one) panowie, panie, państwo	**-my** **-cie** **-ją**	mamy, spotykamy się macie, spotykacie się mają, spotykają się

4th conjugation model

singular	**endings**	**examples:** **jeść, rozumieć**
(ja) (ty) (on, ona, ono) pan, pani	**-em** **-esz** **-e**	jem, rozumiem jesz, rozumiesz je, rozumie
plural		
(my) (wy) (oni, one) państwo, panowie, panie	**-my** **-cie** **-dzą/-ją**	jemy, rozumiemy jecie, rozumiecie jedzą, rozumieją

The interfix –**owa**– in verbs such as **studiować, pracować**, **kontaktować się** is changed into –**uj**– when inflected for different persons. Such verbs take the following endings for the singular persons: **-ę**, **-sz**, **-e**, and the following ones of the plural persons: **-emy**, **-ecie**, **-ą** (see table below).

Conjugation of verbs such as **pracować**, **studiować**, **kontaktować się** for singular and plural persons.

<table>
<tr><td colspan="2">ja pracuję</td><td colspan="2">ja studiuję</td><td colspan="2">ja kontaktuję się</td></tr>
<tr><td colspan="2">ty pracujesz</td><td colspan="2">ty studiujesz</td><td colspan="2">ty kontaktujesz się</td></tr>
<tr><td>on/ona/ono
pan/pani</td><td>pracuje</td><td>on/ona/ono
pan/pani</td><td>studiuje</td><td>on/ona/ono
pan/pani</td><td>kontaktuje się</td></tr>
<tr><td colspan="2">my pracujemy</td><td colspan="2">my studiujemy</td><td colspan="2">my kontaktujemy się</td></tr>
<tr><td colspan="2">wy pracujecie</td><td colspan="2">wy studiujecie</td><td colspan="2">wy kontaktujecie się</td></tr>
<tr><td>oni/one
panowie
panie
państwo</td><td>pracują</td><td>oni/one
panowie
panie
państwo</td><td>studiują</td><td>oni/one
panowie
panie
państwo</td><td>kontaktują się</td></tr>
</table>

Exercises

EXERCISE 8. Inflect the following verbs.

zaczynać	**kończyć**	**zajmować się**	**znajdować się**
ja	....	zajmuję się	....
ty zaczynasz	....	....	....
on	kończy	....	....
my	....	....	....
wy	....	....	....
oni	....	....	znajdują się

parkować	**zapraszać**	**ćwiczyć**	**dziękować**
ja	....	....	dziękuję
ty	....	ćwiczysz	....
ona parkuje	....	....	....
my	....	....	....
wy	zapraszacie	....	....
one	....	....	....

mówić	**pytać**	**gotować**	**powtarzać**
ja	....	gotuję	....
ty	....	....	....
pan	pyta	....	....
my mówimy	....	....	....
wy	....	....	....
panie	....	....	powtarzają

Vocabulary

Questions:
Gdzie pracujesz? or formal/polite **Gdzie pan/pani pracuje? Gdzie państwo pracują?**
Where do you work?

W jakiej firmie pracujesz?
What company do you work for?

Przy/Na jakiej ulicy znajduje się twoja firma?
What street is your company on?

Jak długo pracujesz w firmie „M&S"?
How long have you been working for "M&S"?

Jaki jest numer twojej komórki? (colloquial)
What is your mobile phone number?

Co robisz w firmie „M&S"?
What do you do in "M&S"?

Czym się zajmujesz w firmie „M&S"?
What do you do in "M&S"?

Z kim pracujesz?
Who do you work with?

Exercises

EXERCISE 9. Based on the examples given below, build the sentences using the polite form.

Gdzie mieszkasz? – Gdzie pan/pani mieszka?
Gdzie mieszkacie? – Gdzie panie/panowie/państwo mieszkają?)

1. W jakiej firmie pracujesz?
   .... (pan)
2. W jakiej dzielnicy mieszkasz?
   .... (pani)
3. Na (przy) jakiej ulicy mieszkacie?
   .... (panowie)
4. Jak długo mieszkacie w Warszawie?
   .... (państwo)

Kurs on-line gratis tylko z podręcznikami wydawnictwa SuperMemo World

Aktywuj kod do 31.12.2010 i ucz się on-line przez 2 miesiące za darmo.

Free on-line course only with textbooks published by SuperMemo World

Activate this code by 31.12.2010 and use a 2-month free online course.

06hg4-46hwc-gnitq-311210

- Zaloguj się do Akademii Internetowej na stronie www.supermemo.net.pl (jeśli nie posiadasz jeszcze konta, utwórz je – identyfikator i hasło wybierasz sam).
- Wejdź na stronę opisu kursu.
- Wprowadź kod w polu „Tutaj wpisz kod" na stronie z opisem kursu.
- Zatwierdź kod i przejdź do zakładki Nauka.

- Log on to the Internet Academy at www.supermemo.net.pl (if you are not registered, create a new account with your own login and password).
- Go to the description of your course.
- Enter the code in the "Enter code here" field.
- Accept the code and start learning.

Wybierz odpowiedni poziom kursu do samodzielnej nauki *Polski. Bez problemu!*.

Choose the appropriate level of the course for self-learners *Polski. Bez problemu!*.

5. Jak długo pracujecie w firmie „M&S"?
.... (panie)

6. Co robisz?
.... (pani)

EXERCISE 10. Build sentences from the words given below.

1. Co robicie firmie w „M&S"
....?

2. Czym zajmujecie się
....?

3. się czym zajmujesz w firmie „M&S"
....?

4. Czy czas masz dziś wieczorem
....?

5. Z mieszkasz kim
....?

6. kim z pracujecie
....?

EXERCISE 11. Ask about the underlined words. The words in brackets will help you make the questions.

1. Michał mieszka <u>na Mokotowie</u>.
W .... (dzielnica) mieszka Michał?

2. Marta pracuje na <u>ulicy Kruczej.</u>
Na .... pracuje Marta?

3. Michał pracuje w firmie <u>„M&S".</u>
W .... (firma) pracuje Michał?

4. Marta mieszka w Warszawie <u>rok i dwa miesiące.</u>
Jak .... (czas) Marta mieszka w Warszawie?

5. Michał <u>zajmuje się</u> logistyką.
Co .... (praca)Michał?

6. Marta mieszka <u>w akademiku.</u>
.... (miejsce zamieszkania) Marta?

EXERCISE 12. Create a personal questionnaire for Marta asking her for the following information:

1. imię: ....?
2. nazwisko: ....?
3. wiek: ....?
4. miejscowość: ....?
5. dzielnica: ....?
6. ulica: ....?
7. telefon: ....?
8. firma: ....?
9. adres firmy: ....?
10. zawód: ....?

Grammar

Numerals

The numerals **2, 3** and **4** and those ending with 2, 3 and 4 (e.g. 2**2**, 6**3**, 8**4**) are followed by nouns in their nominative plural form. However, numerals from 5 onwards: **5**, **6**, **7**, **8**, **9**, **10**, and **11** to **19** as well as numerals ending with 0, 1, 5, 6, 7, 8 and 9 (e.g.: 7**0**, 8**1**, 2**5**, 3**6**, 4**7**, 5**8**, 6**9**) are followed by nouns in their genitive plural form.

Phrases **rok/2 lata/5 lat** (*a year/2 years/5 years*)

	np. 2, 3, 4, 22, 23, 24	np. 5, 6, 7, 20, 21, 100
dzień	dni	dni
tydzień	tygodnie	tygodni
miesiąc	miesiące	miesięcy
rok	lata	lat

Exercises

EXERCISE 13. Fill in the gaps with the correct forms of the nouns **rok** and **miesiąc**.

Mam 18 .... i 2 ....
Moja mama ma 52 .... i 4 ....
Mój tata ma 54 .... i 3 ....
Mój brat ma 1 .... i 9 ....
Moja siostra ma 13 .... i 5 ....

EXERCISE 14. Complete the expressions by filling in the gaps with the correct forms of the nouns **dzień**, **tydzień**, **miesiąc** or **rok**.

Rok ma 12 ...., 52 ....,
365 ....
Miesiąc ma 4 ...., 31 ....
lub 30 ....
Tydzień ma 7 ....
Weekend ma 2 ....
Wiek ma 100 ...., 1200 ....,
5200 ...., 36500 ....
Rok szkolny w Polsce ma 10 ....,
41 ...., 287 ....
Wakacje mają 2 ...., 10 ....,
70 ....

Lesson 4

Miasto – koniec języka za przewodnika
The city – knowing your way around

Dialogues and vocabulary

Vocabulary: In the city

masculine	feminine	neuter
tramwaj	restauracja	kino
bankomat	galeria	centrum
parkometr	policja	rondo
sklep	ambasada	skrzyżowanie
dworzec	poczta	Stare Miasto
bank	taksówka	światło
autobus	kamienica	przejście dla pieszych
szpital	kwiaciarnia	metro
plac	piekarnia	biuro
kiosk	cukiernia	lotnisko
przystanek	kawiarnia	muzeum
kościół	ulica	boisko

TEXT

Tu jest ulica Ekologiczna. Ten wysoki blok to mój dom. Mieszkam bardzo blisko centrum. Tamten niski budynek to bank. Obok jest poczta, a naprzeciwko mój ulubiony mały sklep. Na prawo jest duży, piękny park, na lewo jest szkoła, a tam metro.

This is Ekologiczna Street. This tall block of flats is my home. I live very close to the centre. That low building is a bank. Next to it, there's a post office and across the street, there's my favourite small shop. On the right, there's a large, beautiful park, on the left, there's a school and there, there's the underground.

Vocabulary

ambasada *f*	embassy
autobus *m*	bus
bank *m*	bank
bankomat *m*	cash dispenser
biuro *n*	office
blisko *adv.*	close
blok *m*	block of flats
boisko *n*	pitch
budynek *m*	building
centrum *n*	centre
cukiernia *f*	confectionery
duży *adi.*	large, big
dworzec *m*	station
dworzec *m* **kolejowy**	railway station
galeria *f*	gallery
kamienica *f*	tenement house
kawiarnia *f*	coffee house, café
kino *n*	cinema
kiosk *m*	newsagent
kościół *m*	church

kwiaciarnia *f*	florist's
lewy *adi.*	left
lotnisko *n*	airport
mały *adi.*	small
metro *n*	metro, underground
muzeum *n*	museum
na lewo *adv.*	on the left
na prawo *adv.*	on the right
naprzeciwko *adv.*	opposite, across the street
niski *adi.*	low, small
obok *adv.*	next to
parkometr *m*	parking meter
piekarnia *f*	bakery
plac *m*	square
poczta *f*	post office
policja *f*	police station
prawy *adi.*	right
przejście *n* **dla pieszych**	pedestrian crossing
przystanek *m* **autobusowy**	bus stop
restauracja *f*	restaurants
rondo *n*	roundabout
sklep *m*	shop
skrzyżowanie *n*	crossroad, junction
Stare Miasto	„Old Town"
szpital *m*	hospital
światło *n*	(traffic) light
taksówka *f*	taxi
tam *pron.*	there
tamten *pron.*	that
ten *pron.*	this
tramwaj *m*	tram
tu *pron.*	here
ulica *f*	street
ulubiony *adi.*	favourite

Structures:

Gdzie jest bank?	Where's the bank?
Bank jest tu.	The bank is here.
Gdzie jest poczta?	Where's the post office?
Poczta jest obok banku.	The post office is next to the bank.
Gdzie jest sklep?	Where's the shop?
Sklep jest naprzeciwko.	The shop is across the street.

Grammar

Adverbs of location

The expressions **na lewo** (*on the left*), **na prawo** (*on the right*), **obok** (*next to*), **naprzeciwko** (*opposite, across the street*), **blisko** (*close*), **daleko** (*far*) are adverbs of location and answer the question **gdzie?** (*where?*). This question can also be answered by using the demonstrative pronouns **tu** (*here*) and **tam** (*there*).

The pronouns **ten, ta** and **to** (*this* for masculine, feminine and neuter respectively) are used to identify an object located close to the speaker. For objects located further away the pronouns **tamten, tamta** and **tamto** (*that* for masculine, feminine and neuter respectively) should be used.

Exercises

EXERCISE 1. On the basis of the text above, fill in the gaps.

Tu jest .... Ekologiczna. Ten wysoki .... to mój dom. Mieszkam bardzo .... centrum. .... niski budynek to bank. .... jest poczta, a .... mój ulubiony mały sklep. .... jest duży, piękny park, ... jest szkoła, a .... metro.

EXERCISE 2. Answer the following text-related questions.

1. Jak nazywa się ta ulica?

   ....

2. Jaki jest ten blok?

   ....

3. Jaki jest twój ulubiony sklep?

   ....

4. Jaki jest ten park?

   ....

5. Gdzie jest szkoła?

   ....

6. Gdzie jest metro?

   ....

Dialogues and vocabulary

Na ulicy/On the street

Dialogue 1

Adam: Przepraszam, gdzie jest szpital?
Excuse me, where's the hospital?
Piotr: Szpital jest tam, na prawo.
The hospital is there, on the right.
Adam: Dziękuję bardzo.
Thank you very much.

Dialogue 1

Piotr: Przepraszam, gdzie jest Muzeum Narodowe?
Excuse me, where's the National Museum?

Anna: To jest niedaleko. Proszę jechać prosto trzy przystanki tramwajem numer 9 lub 22.
It is not far away. Take tram number 9 or 22 and go three tram stops straight ahead.

Piotr: Muzeum jest na lewo czy na prawo?
Is the museum on the left or on the right?

Anna: Na prawo. To bardzo duży budynek.
On the right. It's a very large building.

Piotr: Dziękuję pani.
Thank you.

Anna: Proszę bardzo.
You're welcome.

Dialogue 3

Anna: Przepraszam, czy pani wie, gdzie tu blisko jest dobra restauracja?
Excuse me, do you know where there's a good restaurant near here?

Alicja: Niestety tu nie ma. Proszę iść na Stare Miasto. Tam są naprawdę dobre restauracje.
Unfortunately, there aren't any here. Please go to Stare Miasto. There are really good restaurants there.

Anna: Czy to jest daleko?
Is it far from here?

Alicja: Nie bardzo, kilka przystanków autobusem lub kilka minut taksówką.
Not really, a few bus stops or a few minutes' taxi ride.

Anna: A gdzie jest przystanek autobusowy?
And where's the bus stop?

Alicja: Tam, proszę iść prosto, a potem skręcić w prawo.
It's there. Go straight and then turn right.

Vocabulary

iść *v imperf.*	to go (to walk)
jechać *v imperf.*	to go (to drive)
miasto *n*	city, town
niedaleko *adv.*	close, not far away
prosto *adv.*	straight (ahead)
skręcić *v perf*	to turn

Key structures:

Czy pan/pani wie…?	Do you know…?
Proszę jechać/iść prosto.	Go straight (ahead).
Proszę jechać tramwajem/ taksówką/autobusem.	Take a tram/taxi/bus.
Proszę iść w prawo/w lewo/prosto.	Please go right/left/straight (ahead).
Niestety nie wiem.	Unfortunately, I don't know.
Niestety nie ma tu (restauracji).	Unfortunately, there aren't any (restaurants) here.

Grammar

*Verb: **wiedzieć** (to know)*

Singular verb conjugation

wiedzieć
ja wiem
ty wiesz
on/ona/ono wie

*The structure "**proszę** + infinitive"*

The structure "**proszę** (*please*) + infinitive" is polite and is used to give directions, e.g.:

Proszę iść prosto. – Go straight ahead.
Proszę skręcić w lewo. – Turn left.

Adverbs: ***na prawo*** *and* ***na lewo***

The adverbs **na prawo** and **na lewo** are used to say that a given object is located either *on the right* or *on the left* hand side. When giving directions, the expressions **iść/skręcić w prawo** *(to go/turn right)* and **iść/skręcić w lewo** (to *go/turn left*) are used.

Verbs: ***iść*** *and* ***jechać***

The verb **iść** (*to go / to walk*) is used when no means of transport is used, as well as **iść pieszo** *(to go on foot*). However, it is common to say **iść do kina** *(to go to the cinema)*, **iść do sklepu** *(to go to the shop*) even if we go there with a vehicle.

The verb **jechać** (*to go / to drive*) is used, accompanied by a noun in the instrumental case, when talking about going somewhere with a vehicle. Masculine and neuter nouns take the ending **–em**, whereas feminine ones take the ending **–ą**, e.g.: **jechać autobusem** (*to go by bus)* and **jechać samochodem** *(to go by car)*, **jechać taksówką** (*to go by taxi*).

Exercises

EXERCISE 3. Translate the expressions into English.

1. Muzeum jest daleko.

....

2. Gdzie jest dobry pub?

....

3. Czy pan wie, gdzie jest kino?

....

4. Proszę iść prosto.

....

5. Proszę skręcić w lewo.

....

6. Przepraszam, gdzie tu blisko jest sklep?

....

EXERCISE 4. Fill in the gaps with the following words: **na prawo**, **gdzie**, **wie**, **tramwajem**, **autobusowy**, **poczta**, **skręcić**.

1. Proszę jechać .... prosto.
2. Bank jest ....
3. Tamten budynek to ....
4. .... jest sklep?
5. Proszę .... w prawo.
6. Czy .... pan, gdzie jest hotel Polonia?
7. Gdzie jest przystanek ....?

EXERCISE 5. Choose the correct form of the adjectives describing the given nouns.

1. dom – ładny, ładna, ładne
2. sklep – mała, małe, mały
3. poczta – nowy, nowa, nowe
4. centrum – handlowy, handlowa, handlowe
5. budynek – wysoki, wysoka, wysokie
6. ulica – brzydkie, brzydka, brzydki
7. plac – duży, duża, duże
8. miasto – stary, stara, stare

Grammar

Plural forms of nouns and adjectives

Feminine, neuter and masculine nouns which describe non-living objects take the following endings in the plural:

masculine	feminine	neuter
-y / i * Np. 2 autobus**y**, 2 kiosk**i** **-e** Np. 2 tramwaj**e**, 2 szpital**e**	**-y / i*** Np. 2 aptek**i**, 2 ambasad**y** **-e** Np. 2 ulic**e**, 2 restauracj**e**	**-a** Np. 2 lotnisk**a**, 2 rond**a**

* The -i ending is used after consonants k-, g-.

Examples:
1 **bank** – 2 **banki** (*one bank – two banks*)
1 **plac** – 2 **place** (*one square – two squares*)
1 **szkoła** – 2 **szkoły** (*one school – two schools*)
1 **kawiarnia** – 2 **kawiarnie** (*one café – two cafés*)
1 **miasto** – 2 **miasta** (*one town – two towns*)

Adjectives describing plural nouns end with **–e**, e.g.: **stare samochody** (*old cars*), **nowe ulice** (*new streets*), **duże ronda** (*large roundabouts*).

Exercises

EXERCISE 6. Change singulars into plurals or vice verse.

1. 1 samolot – ....
2. 2 poczty – ....
3. 1 bilet – ....

4. 1 park – ....
5. 2 ambasady – ....
6. 1 ulica – ....
7. 2 bankomaty – ....
8. 2 cukiernie – ....
9. 1 apteka – ....
10. 1 mieszkanie – ....
11. 2 światła – ....

EXERCISE 7. Change the plural forms into the singulars.

1. duże parki – ....
2. nowe samochody – ....
3. małe szkoły – ....
4. stare miasta – ....
5. wysokie budynki – ....
6. ładne ulice – ....
7. zielone światła – ....
8. drogie sklepy – ....

EXERCISE 8. Fill in the missing letters.

_ _PITAL
PO_ _TA
KOŚCI_Ł
DWO_ _EC
_ _KOŁA
RESTAURAC_A
MU_EUM
BUD_NEK
ULI_A
MIE_ _KANIE
M_ASTO

Dialogues and vocabulary

W taksówce/In a taxi

Pasażer: Dzień dobry, proszę na lotnisko.
Good morning. To the airport, please.

Kierowca: Dzień dobry, proszę bardzo.
Good morning. Yes, sir.

Pasażer: Czy to jest daleko?
Is it far away?

Kierowca: Nie, to jest około 7 kilometrów stąd.
No, it's about 7 kilometres.

Pasażer: Czy jest korek?
Is there a traffic jam?

Kierowca: Nie, teraz nie ma.
No, at this time there isn't.

Pasażer: To bardzo dobrze. Proszę jechać szybko. Niedługo mam samolot. Czy pan wie, jak nazywa się lotnisko w Warszawie?
That's good. Please drive quickly. I have a flight soon. Do you know what the airport in Warsaw is called?

Kierowca: Tak, lotnisko Fryderyka Szopena.
Yes, it's the Fryderyk Chopin Airport.

Pasażer: Dziękuję za informację.
Thank you for the information.

W restauracji/In a restaurant

Gość: Przepraszam, gdzie jest toaleta?
Excuse me, where's the toilet?

Kelner: Tam. Proszę iść prosto, a potem skręcić w prawo.
There. Go straight ahead and then turn right.

Gość: Dziękuję.
Thank you.

Klient: Proszę.
You're welcome.

Vocabulary

daleko *adv.*	far away
drogi *adi.*	expensive
gość *m*	guest
informacja *f*	information
kelner *m*	waiter
kierowca *m*	driver
kilometr *m*	kilometre
korek *m*	traffic jam
niedługo *adv.*	soon
około *praep.*	around
pasażer *m*	passenger
szybko *adv.*	quickly
toaleta *f*	toilet
zielone światło *n*	green light

Phrases:

Gdzie jest …?	Where is....?
Proszę iść prosto.	Go straight.
Proszę skręcić w lewo/w prawo.	Turn left/right.
Proszę jechać autobusem numer 20.	Take bus number 20.

Exercises

EXERCISE 9. Put the words in the correct order to form a sentence.

1. dobry dzień proszę lotnisko na
2. to czy daleko jest ?
3. czy wie, jak pan nazywa lotnisko się w Warszawie ?
4. gdzie toaleta jest przepraszam ?
5. potem proszę iść prosto, a prawo w
6. jest gdzie przepraszam Polonia hotel ?

EXERCISE 10. Correct the mistakes in the following sentences.

1. Proszę skręcić prosto.
2. To jest Muzeum Narodowa.
3. Tam jest Stare Miasta.
4. Gdzie są dworzec?
5. Proszę skręcić na prawo.
6. Proszę iść autobusem.
7. Proszę jechać tramwaj numer 9.

EXERCISE 11. Make questions using the correct (singular or plural) form the verb **być**: **jest/są**.

1. Gdzie .... toaleta?
2. Gdzie .... szpital?
3. Gdzie .... stacje metra?
4. Gdzie .... taksówki?
5. Gdzie .... ten nowy sklep?
6. Gdzie .... dobre restauracje?
7. Gdzie .... dobry pub?

Grammar

*Verbs **iść** and **jechać***

singular	**iść**	**jechać**
(ja) (ty) (on/ona/ono)	idę idziesz idzie	jadę jedziesz jedzie
plural		
(my) (wy) (oni/one)	idziemy idziecie idą	jedziemy jedziecie jadą

It is important to notice some changes to the roots of the verbs: **-d- : -dzi-** (in both verbs) and **–a- : -e-** (in **jechać**).

iść: 1. sg. **idę** – 3. pl. **idą (-d)** : 2. sg. **idziesz** – 3. sg. **idzie** – 1. pl. **idziemy** – 2. pl. **idziecie**

jechać: 1. sg. **jadę** – 3. pl. **jadą** (**-a-** i **–d-**) : 2. sg. **jedziesz** – 3. sg. **jedzie** – 1. pl. **jedziemy** 2. pl. **jedziecie**

Exercises

EXERCISE 12. Underline the correct forms of the verbs **iść** and **jechać**.

Example: Ania ..... do biura.
a) idę b) idą c) idzie

1. Czy .... (ty) dziś do lekarza?
   a) idzie b) idziesz c) idziecie
2. O której państwo .... do banku?
   a) idą b) idę c) idziemy
3. Nie .... (ja) dzisiaj do pracy.
   a) idzie b) idę c) idą
4. Kiedy pan .... do Krakowa?
   a) jadę b) jedziesz c) jedzie
5. Ewa i Beata .... na wakacje do Francji.
   a) jedziecie b) jedziemy c) jadą
6. O piątej .... (ja) do domu.
   a) jedziesz b) jadę c) jedzie
7. Czy .... (ty) taksówką czy metrem?
   a) jedziesz b) jedziecie c) jedzie
8. Dokąd .... (wy) na urlop?
   a) jedziemy b) jadą c) jedziecie

Grammar

Main types of verbs conjugation – summary

In Polish, there are 4 main types of verb conjugation. In all of them, the 1st and 2nd person plurals are created by adding the ending **-my** and **-cie** respectively to the form of the 3rd person singulars. The 3rd person plurals always take the ending **-ą** or **-ją**. However, please remember that there is a vast group of irregular verbs and that the described classification is a simplification.

Conjugation number 1 (with the singular endings: **-ę, -esz, -e**) includes verbs with the characteristic infinitive ending **-ować**, e.g.: **pracować** (*to work*), **studiować** (*to study*), **podróżować** (*to travel*), **interesować się** (*to be interested*) and **kupować** (*to buy*). In all of these verbs, in both the singular and plural forms, the core **-ow-** is replaced with **-uj-**: **pracuję, studiuję, podróżuję; pracujemy, studiujemy, podróżujemy.**

The same conjugation applies to the verbs **iść, jechać, chcieć** (*to want*), **pić** (*to drink*), **pisać** (*to write*), **móc** (*to be able*), **myć się** (*to wash oneself*) and **wstawać** (*to get up*). However, note the change in the core, e.g.: **pisać – piszę** (**-sz** in all forms) **móc – mogę – możesz** (**-g-** in the 1st person singular and 3rd person plural; **-ż-** in all remaining forms), **iść – idę – idziesz** (-**d**- in the 1st person singular and 3rd person plural; **-dzi-** in all remaining forms).

Conjugation number 2 (with the singular endings: **-ę, -isz/-ysz, -y/-i**) applies to verbs such as **chodzić** (*to walk*), **robić** (*to do*), **myśleć** (*to think*), **lubić** (*to like*), **płacić** (*to pay*), **woleć** (*to prefer*), **musieć** (*to have to*), **uczyć się** (*to learn*) and **mówić** (*to speak*).

Conjugation number 3 (with the singular endings: **-am, -asz, -a**/the so-called 'no ending') applies to verbs such as **nazywać się, mieć, grać** (*to play*), **pływać** (*to swim*), **czytać** (*to read*), **oglądać** (*to watch*), **rozmawiać** (*to talk*), **spotykać się** (*to meet*), **umawiać się** (*to make an appointment*), **słuchać** (*to listen*), **znać** (*to know*) and **odpoczywać** (*to rest*).

Conjugation number 4 (with the singular endings: **-em, -esz, -e**) applies to verbs such as **wiedzieć, rozumieć** (*to understand*), **umieć** (*to be able/can*) and **jeść** (*to eat*).

Exercises

EXERCISE 13. Fill in the table.

singular present	**conjugation 1**	**conjugation 2**	**conjugation 3**	**conjugation 4**
(ja)	pije, wstaję	………………, uczę się	………………, ………………	………………, wiem
(ty)	pijesz, ………………	chodzisz, ………………	………………, ………………	………………, ………………
(on, ona, ono)	………………, ………………	………………, uczy się	ogląda, czyta	je, ………………

Lesson 5

Zainteresowania i hobby
Interests

Texts and vocabulary

Ogłoszenia drobne
Classified ads

A

Masz dobrą kondycję?
Are you in good shape?

Lubisz chodzić po górach?
Do you like walking in the mountains?

KLUB TATERNIK
TATERNIK CLUB

czeka na Ciebie
is waiting for you!

B

Jesteś niezależny?
Are you independent?

Lubisz Mazury?
Do you like Masuria?

Masz kartę pływacką?
Do you have a swimming certificate?

Klub sportowy
BIAŁY ŻAGIEL
zaprasza
BIAŁY ŻAGIEL
Sport Club invites you

C

Jesteś odważny/a?
Are you courageous?

Umiesz jeździć konno?
Can you ride a horse?

HIPIKA
Horse Riding

To hobby dla Ciebie
It's the hobby for you

E

Lubisz przygody?
Do you like adventures?

Masz gorący temperament?
Are you hot-blooded?

Tęsknisz za Copa Cabana?
Do you miss the Copa Cabana?

ZAPRASZAMY
NA KURS SALSY
WE INVITE YOU
TO SALSA CLASSES

D

Jesteś młoda, kreatywna,
przedsiębiorcza
lecz zapracowana?
Are you young, creative,
entrepreneurial
but overworked?

Masz ochotę na relaks?
Do you feel like relaxing?

JOGA
YOGA

to sposób na Twoje problemy
the solution to your problems

F

Jesteś aktywny/a?
Lubisz sport?
Are you active?
Do you like sports?

KORT TENISOWY
MAZOWSZANKA
MAZOWSZANKA
TENNIS COURT

to sposób
na udane życie
is the way
for a good life

Vocabulary

aktywny *adi.*	active
chodzić po górach	to walk in the mountains
dyscyplina *f* **sportu**	sport discipline
formuła 1 *f*	formula one
golf *m*	golf
góry *pl*	mountains
grać *v imperf.*	to play
hipika *f* = **jazda** *f* **konna**	horse riding
jeździć konno	to ride a horse
joga *f*	yoga
karta *f*	card
karta *f* **pływacka**	swimming certificate
klub *m*	club
klub *m* **sportowy**	sport club
kondycja *f* (***być w dobrej kondycji***)	shape (*to be in good shape*)
kort *m* (***kort*** *m* ***tenisowy***)	court (*tennis court*)
koszykówka *f*	basketball
kreatywny *adi.*	creative
lubić *v imperf.*	to like
łyżwiarstwo *n* **figurowe**	figure skating
mieć gorący temperament	to be hot-blooded
mieć ochotę na relaks	to feel like relaxing
niezależny *adi.*	independent
nurkowanie *n*	scuba diving
ogłoszenie *n*	advertisement
ogłoszenia *pl* **drobne**	classified ads
piłka *f*	ball
piłka *f* **nożna**	football
pływanie *n*	swimming
problem *m*	problem
przedsiębiorczy *adi.*	entrepreneurial
przygoda *f*	adventure
relaks *m*	relax

siatkówka *f*	volleyball
skoki *pl* **narciarskie**	ski jumping
sportowy *adi.*	sport
sposób *m*	solution, way
szachy *pl*	chess
taniec *m* (***taniec towarzyski***)	dance (*ballroom dance*)
temperament *m*	temper
tenis *m*	tennis
tęsknić *v imperf.*	to miss
udany *adi.*	successful
uprawiać sport	to practise sport
wspinaczka *f* (***wspinaczka wysokogórska***)	climbing (*mountain climbing*)
zainteresowania *pl*	interests
zapracowany *adi.*	overworked
żagiel *m*	sail
żeglarstwo *n*	sailing
życie *n*	life

Exercises

EXERCISE 1. Match the hobbies given below with the above adverts.

1. **nurkowanie**; 2. **żeglarstwo**; 3. **taniec towarzyski**; 4. **wspinaczka wysokogórska**; 5. **jazda konna**; 6. **joga**; 7. **tenis**

A ....

B ....

C ....

D ....

E ....

F ....

EXERCISE 2. Match the sports with the sportsmen.

koszykówka, siatkówka, pływanie, piłka nożna, tenis, golf, łyżwiarstwo figurowe, skoki narciarskie, formuła 1, szachy

1. Tiger Woods: ....
2. Adam Małysz: ....
3. Venus Williams: ....
4. Łukasz Podolski: ....
5. Jewgienij Pluszczenko: ....
6. Robert Kubica: ....
7. Mariusz Wlazły: ....
8. Shaquille O'Neal: ....
9. Anatolij Karpow: ....
10. Otylia Jędrzejczak: ....

Grammar

Key structures and verbs with the accusative

– Answering the question **Na co masz ochotę?** (*What do you feel like doing?*):
mieć ochotę na (+accusative)
Masz ochotę na relaks?
Na co masz ochotę?

– Answering the question **W co grasz?** (*What do you play?*):
grać w (+ accusative) + sport discipline
Gramy w piłkę ręczną i w tenisa.
W co gracie?

A lot of Polish verbs are accompanied by nouns in the accusative case, e.g.: **lubić, czytać, pisać, mieć, woleć, umieć, jeść, pić, gotować.**

The accusative case answers the questions **kogo?** (*whom?*, referring to people) and **co?** (*what?*, referring to concepts, things and animals).

Therefore we say: **mam** (co?) **kondycję, mam** (co?) **temperament, ona lubi** (co?) **jogę, gotować**

Inflection of feminine, neuter and inanimate* masculine nouns in the accusative singular

	the nominative	**the accusative**		
		feminine	**neuter**	**masculine**
feminine	siatkówka	siatkówkę		
neuter	pływanie		pływanie	
masculine	taniec			taniec
masculine	tenis			tenis/tenis**a**

* Inanimate nouns are things and abstract concepts, e.g. ball, sport.

Feminine nouns ending with **–a** in the singular nominative have an **–ę** ending in the singular accusative. Neuter and inanimate masculine nouns have the same form in both the singular nominative and singular accusative. However, some inanimate masculine nouns can have an **-a** ending in the singular accusative, e.g. **grać w** (co?) **golfa**, **hokeja** (ale: **grać w bilard**); **tańczyć walca, poloneza; jeść banana** (see the table).

Exercises

EXERCISE 3. Choose the correct form.

1. Agnieszka Radwańska gra w tenis/w tenisa.
2. Michael Jordan gra w koszykówkę/w koszykówka.
3. Diego Maradona gra w piłka nożna/w piłkę nożną.
4. Paweł Zagumny gra w siatkówkę/w siatkówka.
5. Mariusz Czerkawski gra w hokej/w hokeja.
6. Zbigniew Boniek gra w futbola/w futbol.

Text and vocabulary

Miniencyklopedia
Mini encyclopedia

Li Yundi jest muzykiem. Gra na fortepianie. Interesuje się muzyką klasyczną (głównie Chopinem) i turystyką. Li lubi grać w ping-ponga i chodzić do kina. On bardzo lubi stare kino.
Li Yundi is a musician. He plays the piano. He is interested in classical music (mainly Chopin) and tourism. Li likes playing table tennis and going to the cinema. He likes classic cinema a lot.

Izumi jest studentką. Uprawia sporty ekstremalne: wspinaczkę i skok na bangee. Lubi chodzić po górach. Interesuje się jazzem i pływaniem. Ona lubi czekoladę.
Izumi is a student. She practises extreme sports: climbing and bungee jumping. She likes walking in the mountains. She is interested in jazz and swimming. She likes chocolate.

Ela jest geografem. Interesuje się reklamą. Gra na gitarze i śpiewa. Lubi taniec towarzyski. Tańczy sambę, walca i tango. Woli tango niż walca. Często chodzi na spacer i jeździ na rolkach. Lubi podróżować i wędrować po górach.
Ela is a geographer. She is interested in advertising. She plays the guitar and sings. She likes ballroom dancing. She dances the samba, the waltz and the tango. She prefers the tango to the waltz. She often goes for a walk and goes roller-skating. She likes travelling and walking in the mountains.

Niels jest informatykiem. Interesuje się grafiką komputerową i sportem. Lubi jeździć na nartach i grać w siatkówkę. Umie jeździć konno i grać w szachy. Bardzo lubi geografię i historię. Woli jednak geografię.
Niels is a computer programmer. He is interested in computer graphics and sport. He likes skiing and playing volleyball. He can ride a horse and play chess. He likes geography and history a lot. He prefers geography, though.

Grammar

▪ *Verbs:* ***lubić, interesować się*** *and* ***woleć***

The verb **lubić** (*to like*) always describes a positive emotional attitude towards someone or something, e.g. **lubię Paryż** (*I like Paris*), **lubię sport** (*I like sport*). It is related to getting pleasure from doing something or being somewhere, e.g. **lubię tę dzielnicę** (*I like this town district*), **lubię to miasto** (*I like this town*), **lubię tę muzykę** (*I like this music*). It is also used to express **„smakuje mi"** (it tastes good), e.g. **lubię czekoladę** (*I like chocolate*), **lubię porto** (*I like port*).

The verb **interesować się** describes an interest in something.

The verb **lubić** is accompanied by the accusative, e.g. **lubię** (co?) **muzykę i teatr**; and the verb **interesować się** is accompanied by the instrumental, e.g. **interesuję się** (czym?/*with what?*) **muzyką i teatrem.**

Transitive verbs e.g. **lubić**, **woleć** (*to prefer*) are followed by the infinitive, e.g.:
Lubię grać na gitarze, ale wolę (grać) na perkusji. – I like playing the guitar, but I prefer playing the drums.

The transitive verb **woleć** combined with the conjunction **niż** is used to express preferences among a group of comparable activities, things and concepts, e.g.:
Wolę kino niż teatr. – I prefer the cinema to the theatre.
On woli malarstwo niż muzykę. – He prefers painting to music.
In such sentences, the conjunction **niż** is followed by the accusative.

Key structures

lubić + accusative **(kogo? co?)** – *to like (whom? what?)*
lubić: muzykę, sport
Co lubisz? Lubię muzykę, sport.

Kogo lubisz? Lubię Marka, Anię, kota.
chodzić na (+ accusative) **spacer** – *to go for a walk*
Lubię chodzić na spacer.
interesować się + instrumental **(kim? czym?)** – *to be interested in (who? what?)*
Czym się interesujesz? Muzyką, sportem.
Kim się interesujesz? Chopinem.
grać/jeździć na + locative **(na czym?)**
grać na (*to play*) + music instrument
jeździć na (*to ride*) + sport equipment
Ela gra na gitarze, na keyboardzie i na fortepianie.
jeździć: na nartach, na łyżwach, na rolkach, na deskorolce, na rowerze
chodzić po + locative – *to walk*
Lubię chodzić po górach.

Animate and inanimate nouns

Nouns can be classified as animate or inanimate. Animate nouns are people and animals, e.g. **kobieta, polityk, pies, kot, Adam, Chopin.** Inanimate nouns are things and abstract concepts, e.g. **kawa, cukier, miłość.** In the accusative, animate masculine nouns have the ending **–a**, as in the genitive (**mam/lubię brata, wolę Chopina niż Mozarta, lubię kota**).

Exercises

EXERCISE 4. Insert the correct forms of the verbs **lubić** or **interesować się**.

1. Piotr .... muzykę.
2. Joanna .... muzyką.
3. Agnieszka .... fizyką.
4. Robert .... grafikę komputerową.
5. Czy wy .... jogę?
6. Aneta .... jeździć na rolkach.

7. Tomasz .... sportem.
8. Bogdan .... jazz.
9. Dorota .... jeździć konno.
10. Agata .... pływaniem.
11. Jarosław .... formułą 1.
12. Ja .... chodzić do teatru.

EXERCISE 5. Transform the phrases given below into statements starting with: „Beata interesuje się …", „ Daniel interesuje się…", „Zofia interesuje się…"

Beata – hobby: socjologia, boks, Szekspir, komunizm, nurkowanie;
Beata interesuje się ....

Daniel – hobby: fotografowanie, Beckett, reklama, siatkówka, hipika;
Daniel interesuje się ....

Zofia – hobby: ogrodnictwo, malarstwo, bilard, koszykówka, archeologia;
Zofia interesuje się ....

EXERCISE 6. Transform the sentences from exercise 5 by starting them with the words: „Beata lubi …", „Daniel lubi …", „Zofia lubi…" Skip the words 'Szekspir' and 'Beckett'.

Beata lubi ....

Daniel lubi ....

Zofia lubi ....

EXERCISE 7. Tick the correct sentences.

1. Miles Davis gra w trąbce. ☐
2. Mies Davis gra na trąbce. ☐

3. Leonardo lubi grać w bilarda. ☐
4. Leonardo lubi grać w bilard. ☐

5. Pele gra na piłkę nożną. ☐
6. Pele gra w piłkę nożną. ☐

7. Borys Becker gra w tenisa. ☐
8. Borys Becker gra na tenisa. ☐

9. Paco de Lucia gra na gitarze. ☐
10. Paco de Lucia gra w gitarze. ☐

11. Tiger Woods gra w golf. ☐
12. Tiger Woods gra w golfa. ☐

Texts and vocabulary

Cześć! Mam na imię Monika.
Dwa lata temu mieszkałam z rodzicami i z bratem w Australii. Moje życie w Australii było cudowne! Moja mama nie pracowała, mój tata pracował cały czas. Ja byłam uczennicą, a mój brat Michał studentem.

Hello! My name is Monika.
Two years ago I lived with my parents and brother in Australia. My life in Australia was wonderful! My mum didn't work but my Dad worked all the time. I was a schoolgirl and my brother Michał was a student.

W weekendy często opalałam się nad oceanem lub obserwowałam, jak brat surfuje. Mój brat pływał jak ryba! Ja nie surfowałam, bo nie umiałam. Lubiłam chodzić po plaży i zbierać muszle. W Australii nigdy nie jeździłam na nartach, za to często jeździłam na rowerze. Mój brat wolał latać na paralotni lub skakać na bangee. Moja mama bardzo się bała, kiedy Michał uprawiał sporty ekstremalne.

At weekends I often sunbathed by the ocean or watched my brother surfing. My brother swam like a fish. I didn't surf, because I couldn't do it. I liked walking on the beach and collecting seashells. I never skied in Australia but I often went cycling. My brother preferred paragliding or bungee jumping. My mum was very scared when Michał did extreme sports.

Mama chodziła na aerobik i na jogę. Lubiła też grać z tatą w tenisa lub w szachy. Tata często nurkował. Wolał nurkowanie niż tenisa. Czasami grał na gitarze i śpiewał. Lubiliśmy, kiedy tata śpiewał.

My mum attended aerobics and yoga classes. She liked playing tennis and chess with my dad. Dad often went scuba diving. He preferred diving to tennis. Sometimes he played the guitar and sang. We liked it when dad sang.

Obecnie z mamą mieszkamy w Warszawie. Ja studiuję polonistykę. Mama wczoraj przeczytała ogłoszenie w gazecie i zapisała się na kurs salsy. Ma teraz nowe hobby: tańczy salsę. Brat nadal studiuje w Australii, ale tata buduje mosty w Chile.

Currently, I live in Warsaw with my mum. I study Polish philology. Yesterday, my mum read an ad in a newspaper and signed up for salsa classes. She has a new hobby now: she dances the salsa. My brother still studies in Australia and my dad builds bridges in Chile.

Vocabulary

archeologia *f*	archaeology
bilard *m*	pool
budować *v imperf.*	to build
cały czas	all the time
ćwiczyć *v imperf.*	to exercise
czas *m*	time
czekolada *f*	chocolate
deskorolka *f*	skate board
fotografowanie *n*	photography
fortepian *m*	piano
gazeta *f*	newspaper
gitara *f*	guitar
gotować *v imperf.*	to cook
interesować się *v imperf.*	to be interested in
komunizm *m*	communism
kończyć *v imperf.*	to finish
łyżwy *pl*	ice skates
most *m*	bridge
muszla *f*	shell

nadal *adv.*	still
narty *pl*	skis
obserwować *v imperf.*	to watch, to observe
ocean *m*	ocean
ogrodnictwo *n*	gardening
opalać się *v imperf.*	to sunbathe
paralotnia *f*	paraglide
przeczytać *v perf.*	to read
reklama *f*	advertising
rolki *pl*	roller skates
rower *m*	bicycle
ryba *f*	fish
socjologia *f*	sociology
surfować *v imperf.*	to surf
śpiewać *v imperf.*	to sing
woleć *v imperf.*	to prefer
zaczynać *v imperf.*	to begin
zapisać się *v perf.*	to sign up
dwa dni/lata temu	two days/years ago

Grammar

Time expressions

In Polish, the following time expressions are used when talking about the past:
dwa dni <u>temu</u> (*two days ago*), **rok <u>temu</u>** (*a year ago*), **dwa lata <u>temu</u>** (*two years ago*), **pięć lat <u>temu</u>** (*five years ago*) (see the grammar comments in Lesson 3 – time expressions: *rok/2lata/5lat*)
and the adverbs: **wczoraj**, **przedwczoraj**.

The past imperfect in singular and plural forms

Verbs such as **mieszkać** (*to live*), **robić** (*to do*), **kontaktować się** (*to contact)*

masculine

ja	mieszka**łem**	ja	robi**łem**	ja	kontaktowa**łem** się
ty	mieszka**łeś**	ty	robi**łeś**	ty	kontaktowa**łeś** się
on/pan	mieszka**ł**	on/pan	robi**ł**	on/pan	kontaktowa**ł** się
my	mieszka**liśmy**	my	robi**liśmy**	my	kontaktowa**liśmy** się
wy	mieszka**liście**	wy	robi**liście**	wy	kontaktowa**liście** się
oni panowie państwo	mieszka**li**	oni panowie państwo	robi**li**	oni panowie państwo	kontaktowa**li** się

non-masculine

ja	mieszka**łam**	ja	robi**łam**	ja	kontaktowa**łam** się
ty	mieszka**łaś**	ty	robi**łaś**	ty	kontaktowa**łaś** się
ona pani	mieszka**ła**	ona pani	robi**ła**	ona pani	kontaktowa**ła** się
my	mieszka**łyśmy**	my	robi**łyśmy**	my	kontaktowa**łyśmy** się
wy	mieszka**łyście**	wy	robi**łyście**	wy	kontaktowa**łyście** się
one/panie	mieszka**ły**	one/panie	robi**ły**	one/panie	kontaktowa**ły** się

In the past tense there are some differences in genders. A woman says '**piłam** kawę' and a man '**piłem** kawę' (see the table). When speaking about a child one says '**dziecko (ono) piło** mleko'.

In the past imperfect, masculine verb forms take the endings **-łem, –łeś** and **–ł** in the singular and **-liśmy**, **-liście** and **-li** in the plural (see the table).

Non-masculine verb forms take the endings **-łam, –łaś** and **–ła** in the singular and – **łyśmy**, **-łyście** and **-ły** in the plural.

The past imperfect is used to talk about unfinished activities and about activities which may or may not be finished (e.g. **czytałem książkę**, **jadłem obiad**) as well as about activities which have happened many times or which *always* (**zawsze**), *often* (**często**), *seldom* (**rzadko**), *sometimes* (**czasami**) or *never* (**nigdy**) happen, e.g.:
Nigdy nie czytałem „Makbeta". – I have never read "Macbeth".
Zawsze myłam zęby. – I always cleaned my teeth.
Czasami grałam w karty. – I sometimes played cards.

Verbs such as **mieć** (*to have*), **rozumieć** (*to understand*), **jeść** (*to eat*)

masculine personal

ja	miałem	ja	rozumiałem	ja	jadłem
ty	miałeś	ty	rozumiałeś	ty	jadłeś
on/pan	miał	on/pan	rozumiał	on/pan	jadł
my	mieliśmy	my	rozumieliśmy	my	jedliśmy
wy	mieliście	wy	rozumieliście	wy	jedliście
oni/panowie/ państwo	mieli	oni/panowie/ państwo	rozumieli	oni/panowie/ państwo	jedli

non masculine personal

ja	miałam	ja	rozumiałam	ja	jadłam
ty	miałaś	ty	rozumiałaś	ty	jadłaś
ona/pani	miała	ona/pani	rozumiała	ona/pani	jadła
my	miałyśmy	my	rozumiałyśmy	my	jadłyśmy
wy	miałyście	wy	rozumiałyście	wy	jadłyście
one/panie	miały	one/panie	rozumiały	one/panie	jadły

Masculine personal:
Verbs with the interfix **-e-**, such as **mieć**, **chcieć** and **woleć,** adopt the interfix **-a-** for singular persons but keep the interfix **–e-** for plural persons.

They end with **-łem, -łeś** and **-ł** in singular forms and with **-liśmy**, **-liście** and **-li** in the plural forms:

- miałem : mieliśmy
- chciałem : chcieliśmy
- wolałem : woleliśmy (see the table).

Non-masculine personal:

The same verbs adopt the **-a-** interfix for both the singular and plural persons. They end with **-łam, -łaś** and **-ła** in the singular forms and with **-łyśmy**, **-łyście**, and **-ły** in the plural forms:

- miałam : miałyśmy
- chciałam : chciałyśmy
- wolałam : wolałyśmy

Exercises

EXERCISE 8. Inflect the following verbs in the past imperfect:

	zaczynać	kończyć	zajmować się	znajdować się
ja	....	....	zajmowałam się	....
ty	zaczynałaś	....	....	....
ona	....	kończyła	....	....
my	....	....	....	....
wy	....	....	....	....
panie	....	....	....	znajdowały się

	mówić	pytać	gotować	grać
ja	....	....	gotowałem	....
ty	....	....	....	....
pan	....	pytał	....	....
my	mówiliśmy	....	....	....
wy	....	....	....	....
panowie	....	....	....	grali

	umieć	lubić	myśleć	powtarzać
ja	....	....	myślałem	....
ty	....	....	....	....
pan	....	lubił	....	....
my	umieliśmy	....	....	....
wy	....	....	....	....
oni	....	....	....	powtarzali

EXERCISE 9. In the text below change the present tense forms (in brackets) into the past imperfect.

Jestem Monika. (Mieszkam) .... z mamą w Warszawie. Ja (studiuję) .... polonistykę, a mama (ma) .... nowe hobby: (tańczy) .... salsę. Brat (studiuje) .... w Australii, a tata (buduje) .... mosty w Chile.

EXERCISE 10. Re-write the stories presented below using the past imperfect tense.

Co Ania robiła wczoraj w pracy?
W pracy Ania najpierw .... (pić) kawę, a potem .... i .... (czytać, pisać) maile, ... (rozmawiać) z dyrektorem, ... (dzwonić) do klienta. Potem .... (mieć) przerwę na lunch. Potem szybko .... (wracać) do biura. Ania .... (pracować) bardzo długo.

Co Konrad robił dwa dni temu?
.... (wysyłać) ostatni mail i .... (wychodzić) z biura. W domu .... (robić) obiad i .... (słuchać) muzyki, potem .... (telefonować). Potem .... (oglądać) wiadomości i film i .... (pić) kakao.

Lesson 6

Kartka z kalendarza
Put it in your calendar

Dialogues and vocabulary

Dialogue 1

Beata: Jaki dzisiaj jest dzień? Środa?
What day is it today? Wednesday?

Tomek: Nie, dzisiaj jest czwartek.
No, today is Thursday.

Beata: Na pewno?
Are you sure?

Tomek: Na pewno. Środa była wczoraj.
Yes I am. Wednesday was yesterday.

Dialogue 2

Adam: Aniu, co robisz w piątek?
Ania, what are you doing on Friday?

Ania: Pracuję.
I'm working.

Adam: A wieczorem?
And in the evening?

Ania: Wieczorem muszę iść na służbową kolację.
In the evening I have to go to a business dinner.

Dialogue 3

Adam: Dzień dobry, mówi Adam Kowalski. Czy mogę rozmawiać z panem prezesem?
Good morning. It's Adam Kowalski speaking. Can I speak to the President of the Board?

Beata: Tak. Już łączę.
Yes. I'm putting you through.

Adam: Dziękuję bardzo.
Thank you very much.

Dialogue 4

Ania: Marku, jesteś gotowy? Możemy już iść?
Mark, are you ready? Can we go now?

Marek: Chwileczkę, muszę sprawdzić pocztę.
Just a moment. I have to check my mail.

Ania: Nie możesz sprawdzić później?
Can't you check it later?

Marek: Nie mogę. Czekam na ważny e-mail.
I can't. I'm waiting for an important e-mail.

Dialogue 5

Beata: Co chcesz robić dziś wieczorem?
What do you want to do this evening?

Tomek: Chcę iść na spacer. A ty?
I want to go for a walk. And you?

Beata: Chcę spotkać się z koleżanką.
I want to meet with a friend of mine.

Vocabulary

chcieć *v imperf.*	to want
czekać *v imperf.*	to wait
iść na spacer	to go for a walk
móc *v imperf.*	can, to be able
musieć *v imperf.*	must, to have to
poczta *f* **elektroniczna**, **e-mail** *m*	email
poczta *f*	mail
później *adv.*	later
służbowa kolacja *f*	a business dinner
spotkać się z … *v perf.*	to meet with …
sprawdzić *v perf.*	to check
ważny *adi.*	important
wieczorem *adv.*	in the evening

Phrase:

Chwileczkę!	Just a moment!
Co chcesz robić?	What do you want to do?
Czekam na ważny email.	I am waiting for an important e-mail.
Czy mogę rozmawiać z panem/ panią X?	Can I speak to Mr/Ms X?
Dzień dobry, mówi Adam Nowak.	Good morning, it is Adam Nowak speaking.
Jaki dzisiaj jest dzień?	What day is it today?
Jesteś gotowy/-a?	Are you ready?
Już łączę.	I am putting you through.
Na pewno?	Are you sure?

STRUCTURES

Days of the week		**Kiedy?** (When?)	
poniedziałek	Monday	**w poniedziałek**	on Monday
wtorek	Tuesday	**we wtorek**	on Tuesday
środa	Wednesday	**w środ-ę**	on Wednesday

czwartek	Thursday	**w czwartek**	on Thursday
piątek	Friday	**w piątek**	on Friday
sobota	Saturday	**w sobot-ę**	on Saturday
niedziela	Sunday	**w niedziel-ę**	on Sunday

Time expressions

dzisiaj/dziś	today
jutro	tomorrow
pojutrze	the day after tomorrow
wczoraj	yesterday
przedwczoraj	the day before yesterday
2/3/4 etc. **dni temu**	2/3/4 days ago

Time of the day		**Kiedy?**	
rano/ranek	morning	**rano**	in the morning
południe	noon	**w południe**	at noon
popołudnie	afternoon	**po południu**	in the afternoon
wieczór	evening	**wieczorem**	in the evening
noc	night	**w nocy**	at night

PRESENTATION

W poniedziałek mam ważne spotkanie.
On Monday I have an important meeting.

We wtorek zaczynam dietę.
On Tuesday I'm going on a diet.

Czy w środę wieczorem jesteś wolny/wolna?
Are you free on Wednesday evening?

Czy w czwartek wstęp do muzeum jest za darmo?
Is entry to the museum free on Thursday?

Adam urządza w piątek przyjęcie.
Adam is throwing a party on Friday.

Anna wraca do Warszawy w sobotę po południu.
Anna goes back to Warsaw on Saturday afternoon.

Czy pan/pani pracuje w niedzielę?
Are you working on Sunday?

Jutro wieczorem jest ciekawy film w telewizji.
Tomorrow evening, there's an interesting movie on TV.

Co robisz dzisiaj po południu?
What are you doing this afternoon?

Wczoraj w południe byłem/-łam na spotkaniu.
Yesterday at noon I was at a meeting.

Vocabulary

mieć ważne spotkanie	to have an important meeting
być na spotkaniu	to be at a meeting
dieta *f*	diet
zaczynać dietę	to go on a diet
wstęp *m* **za darmo**	free entry
urządzać przyjęcie *v imperf.*	to throw a party
wracać *v imperf.*	to go back

Grammar

Days of the week

"Preposition **w** + noun" is the most commonly used structure to give information about the time when a particular event takes place (for endings in the accusative case – see Lesson 5). In a sentence it works as a time adverbial phrase (*example (a)* below). When the name of a week day is used in the nominative case, it works as the subject of a sentence (*example (b)).*
Days of the week are written in small letters.

(a) W piątek mam spotkanie. – I have a meeting on Friday.
W niedzielę biuro jest zamknięte. – On Sunday the office is closed.

(b) Dzisiaj jest piątek. – Today is Friday.
Sobota była bardzo ładna. – Saturday was very nice.

Note: in the expression **we wtorek** (*on Tuesday*) the preposition **w** is replaced with **we** to facilitate pronunciation.

Times of the day

A similar technique is used to talk about times of the day. These are described using fixed expressions: **rano** (*in the morning*), **w południe** (*at noon*), **po południu** (*in the afternoon*), **wieczorem** (*in the evening*), **w nocy** *(at night)*. It is worth knowing them by heart.

Questions and answers which require the nominative case

Jaki dzisiaj jest dzień? – What day is it today?
Dzisiaj jest poniedziałek. – Today is Monday.
Jaka teraz jest pora dnia? – What time of the day is it now?
Teraz jest wieczór. – Now, it is evening.

Questions and answers which require forms other then the nominative case

Kiedy jest spotkanie? – When is the meeting?
Spotkanie jest w poniedziałek. – The meeting is on Monday.
Czy spotkanie jest we wtorek po południu? – Is the meeting on Tuesday afternoon?
Nie. Spotkanie jest w poniedziałek po południu. – No. The meeting is on Monday in the afternoon.

■ *Verbs:* ***móc*** *(can, be able),* ***musieć*** *(must, to have to),* ***chcieć*** *(to want)*

Conjugation in the present tense

singular	móc	musieć	chcieć
(ja) (ty) (on, ona, ono)	mogę możesz może	muszę musisz musi	chcę chcesz chce
plural			
(my) (wy) (oni, one)	możemy możecie mogą	musimy musicie muszą	chcemy chcecie chcą

MÓC

This verb is followed by an infinitive. In affirmative sentences it expresses possibility, readiness or probability. In negative sentences it has the opposite meaning.

Mogę iść do kina w sobotę. – I can go to the cinema on Saturday.

Nie mogę iść do kina w sobotę. – I can't go to the cinema on Saturday.

When conjugating the verb, remember about the alteration -g- : -ż-:
(1. singular, 3. plural vs. other forms): mogę, mogą; możesz, może, możemy, możecie.

MUSIEĆ

This verb is followed by an infinitive. In affirmative sentences it expresses necessity or obligation. In negative sentences it has the opposite meaning.

W ten weekend Piotr musi pracować. – This weekend Piotr has to work.

W ten weekend Piotr nie musi pracować. – This weekend Piotr doesn't have to work.

When conjugating the verb, remember about the alteration -sz- : -si- :
(1. singular, 3. plural vs other forms): muszę, muszą: musisz, musi, musimy, musicie

CHCIEĆ

This verb is followed by an infinitive or a noun. In affirmative sentences it expresses will or intention. In negative sentences it has the opposite meaning.
Chcę iść na spacer. – I want to go for a walk.
Nie chcę iść na spacer. – I don't want to go for a walk.

Note: the verbs musieć, móc and chcieć are often followed by infinitives in the perfect tense (see Lessons 9 and 10).

Exercises

Vocabulary

iść na siłownię	to go work out
iść na urlop	to go on holiday
iść na zakupy	to go shopping
odpocząć *v perf.*	to rest
odwołać spotkanie	to cancel a meeting
przetłumaczyć *v perf.*	to translate
siłownia *f*	gym
zatelefonować *v perf.*	to call, to make a phone call
zwiedzić *v perf.*	to visit

EXERCISE 1. Insert the missing words. What are the names of the preceding and following days of the week?

Example: piątek, ...
piątek, sobota

1. środa, ...
2. niedziela, ...
3. ...., środa
4. czwartek, ...
5. ...., niedziela
6. ...., wtorek, ...

EXERCISE 2. What time of the day is it?

ranek, południe, popołudnie, wieczór, noc

Example: 20:00 – wieczór

12:00 – ....

15:00 – ....

07:00 – ....

21:00 – ....

17:00 – ....

00:30 – ....

EXERCISE 3. Choose the correct beginning or ending of the sentence.

Example: Jutro jest...

a) poniedziałek

b) w poniedziałek

1. Teraz jest ....

a) popołudnie

b) po południu

2. Wczoraj była ....

a) w sobotę

b) sobota

3. .... mam ważne spotkanie.

a) w niedzielę

b) niedziela

4. .... Adam musi pisać artykuł.

a) w piątek wieczór

b) w piątek wieczorem

5. Czy możemy spotkać się ......?

a) jutro w południe

b) jutro południe

EXERCISE 4. From the elements given below build expressions as in the example:

Example: poniedziałek, popołudnie – w poniedziałek po południu

1. środa, wieczór – ....

2. czwartek, południe – ....
3. sobota, rano – ....
4. niedziela, popołudnie – ....
5. wtorek, wieczór – ....
6. dzisiaj, południe – ....
7. wczoraj, noc – ....

EXERCISE 5. Insert the verbs in the present tense.

Example: (musieć, ja) dzisiaj iść do banku.
Muszę dzisiaj iść do banku.

1. Przepraszam, ale nie .... (móc, ja) teraz rozmawiać.
2. Czy .... (móc) pani mówić wolniej?
3. Tak, ... (móc, ty) już iść.
4. Rano .... (musieć, ja) być w biurze, ale po południu jestem wolny.
5. .... (musieć, ty) odpocząć.
6. Ewa .... (musieć) iść do szpitala.
7. W ten weekend .... (chcieć, ja) zwiedzić Kraków i Wieliczkę.
8. Co .... (chcieć, ty) robić wieczorem?
9. Kiedy pan .... (chcieć) iść na urlop?

EXERCISE 6. Fill in the gaps. Use the suggestions given in brackets.

1.
– Jaki dzisiaj ....? Wtorek?
– Nie. .... (środa)
– ....?
– Na pewno. .... wczoraj. (wtorek)

2.
– Aniu, co .... ? (ty, robić, sobota)
– .... (ja, mieć ważne spotkanie)

– A ....?
– Wieczorem .... (ja, chcieć, iść do kina)

3.

– Cześć, mówi Adam. Czy ....? (ty, móc, teraz, rozmawiać)
– Tak, ... (ja, móc)

4.

– Jestem gotowa. .... już iść? (my, móc)
– Chwileczkę, ... (ja, musieć + zatelefonować)
– Nie .... później?
– Nie mogę. .... (ja, musieć + odwołać spotkanie* z klientem)

5.

– Co .... robić.................................? (ty, chcieć, jutro, popołudnie)
– .... A ty? (ja, chcieć + iść na zakupy)
– .... (chcieć + iść na siłownię)

EXERCISE 7. Change the forms of the verbs from singular into plural.

Example: Czy możesz zadzwonić wieczorem? (wy) – Czy możecie zadzwonić wieczorem?

1. Dokąd chcesz jechać na urlop? (wy) – ....?
2. Czy muszę iść na to spotkanie? (my) – ....?
3. Co on chce robić wieczorem? (oni) – ....?
4. Czy może pani przetłumaczyć ten tekst? (państwo) – ....?
5. Czy mogę już iść do domu? (my) – ....?
6. Czy musisz teraz oglądać telewizję? (wy) – ....?

EXERCISE 8. Translate the following sentences into Polish.

1. I want to go to the cinema on Saturday evening.
2. I must go shopping in the afternoon.
3. Unfortunately, we can't meet on Tuesday.
4. I want to cancel the meeting.

5. Can I speak to the Director, please?

6. You (plural, polite form) must go straight and then turn left.

Dialogues and vocabulary

Dialogue 1

Ania: Która jest godzina?
What time is it?
Piotr: Jedenasta.
Eleven o'clock.
Ania: Już?! Zaraz mam spotkanie z klientem.
Already?! I have a meeting with a client shortly.

Dialogue 2

Piotr: Aniu, o której godzinie kończysz dzisiaj pracę?
Ania, what time are you finishing work today?
Ania: O piątej.
At five o'clock.
Piotr: Co robisz potem?
What are you doing later?
Ania: Potem idę do dentysty.
Later I'm going to the dentist.
Piotr: A wieczorem?
And in the evening?
Ania: Wieczorem idziemy razem na kolację, nie pamiętasz?
In the evening we're going for dinner, don't you remember?

Dialogue 3

Rozmowa telefoniczna
Telephone conversation

Ania: Halo!
Hello!
Piotr: Cześć, mówi Piotr. Możesz rozmawiać?
Hi, it's Piotr speaking. Can you talk?
Ania: Mogę, jestem już w domu.
I can, I'm home already.
Piotr: Co robisz dziś wieczorem?
What are you doing this evening?
Ania: Jeszcze nie wiem.
I don't know yet.
Piotr: Może się spotkamy? Masz czas o ósmej?
How about a meeting? Do you have time at eight?
Ania: A co jest o ósmej?
What is there at eight?
Piotr: O ósmej jest impreza w „Rocco".
At eight there's a party at 'Rocco'.
Ania: Świetne miejsce. To gdzie i o której się spotkamy?
Great place. So where and when are we meeting?
Piotr: W „Rocco" o ósmej piętnaście. Na razie!
At 'Rocco' at eight fifteen. See you!
Ania: Na razie!
See you!

Wiadomość sms – sms message

Cześć, jesteś wolna dzisiaj wieczorem? Może się spotkamy? O 19:30 w „Akwarium" jest świetny koncert. Czekam na wiadomość, Adam.
Hi, are you free this evening? How about a meeting? At 19:30 in 'Akwarium' there's a great concert. I'm waiting for your message. Adam.

Adam, dziękuję za zaproszenie, ale dzisiaj nie mam czasu. Mam dużo pracy, pozdrawiam, Ewa.
Adam, thanks for the invitation but I don't have time today. I have a lot of work. Greetings. Ewa.

Vocabulary

godzina *f*	hour
halo *int.*	hello
impreza *f*	party
koncert *m*	concert
o ósmej piętnaście	at eight fifteen
o ósmej	at eight
ósma godzina	eight o'clock
pamiętać *v imperf.*	to remember
sms *m*	sms
świetny *adi.*	great
wiadomość *f*	message
zaproszenie *n*	invitation
zaraz *adv.*	shortly

Phrases:

Dziękuję za zaproszenie.	Thank you for the invitation.
Która jest godzina?	What time is it?
Masz czas o ósmej?	Do you have time at eight?
Może się spotkamy?	How about a meeting?
Na razie.	See you.
Nie mam czasu.	I don't have time.
Nie pamiętasz?	Don't you remember?
O której godzinie?	At what time?
Pozdrawiam.	Greetings.
Świetne miejsce.	Great place.

Hours

Która jest godzina?	**O której godzinie?**
What time is it?	At what time?
ordinal numerals in the nominative	preposition **o** + locative
Jest...	O...
01:00 – **pierwsza**	**o pierwszej**
02:00 – **druga**	**o drugiej**
03:00 – **trzecia**	**o trzeciej**
04:00 – **czwarta**	**o czwartej**
05:00 – **piąta**	**o piątej**
06:00 – **szósta**	**o szóstej**
07:00 – **siódma**	**o siódmej**
08:00 – **ósma**	**o ósmej**
09:00 – **dziewiąta**	**o dziewiątej**
10:00 – **dziesiąta**	**o dziesiątej**
11:00 – **jedenasta**	**o jedenastej**
12:00 – **dwunasta**	**o dwunastej**
13:00 – **trzynasta**	**o trzynastej**
14:00 – **czternasta**	**o czternastej**
15:00 – **piętnasta**	**o piętnastej**
16:00 – **szesnasta**	**o szesnastej**
17:00 – **siedemnasta**	**o siedemnastej**
18:00 – **osiemnasta**	**o osiemnastej**
19:00 – **dziewiętnasta**	**o dziewiętnastej**
20:00 – **dwudziesta**	**o dwudziestej**
21:00 – **dwudziesta pierwsza**	**o dwudziestej pierwszej**
22:00 – **dwudziesta druga**	**o dwudziestej drugiej**
23:00 – **dwudziesta trzecia**	**o dwudziestej trzeciej**
24:00 – **dwudziesta czwarta**	**o dwudziestej czwartej**
... godzina	**... godzinie**

08:05 –	**jest ósma pięć**	**o ósmej pięć**
08:15 –	**jest ósma piętnaście**	**o ósmej piętnaście**
08:30 –	**jest ósma trzydzieści**	**o ósmej trzydzieści**
08:45 –	**jest ósma czterdzieści pięć**	**o ósmej czterdzieści pięć**

Questions and answers:

Która jest godzina? – Jest ósma.

What time is it? – It's eight o'clock.

Która jest teraz godzina w Chicago? – Teraz w Chicago jest piąta rano.

What time is it now in Chicago? – It's five o'clock now in Chicago.

O której godzinie ma pan/pani czas? – Mam czas o szóstej.

When will you have time? – I have time at six o'clock.

O której godzinie możemy się spotkać? – O trzeciej.

At what time can we meet? – At three o'clock.

O której godzinie jest ekspres do Krakowa? – O siedemnastej piętnaście.

What time is the express train to Cracow? – At five fifteen.

Structures

MAM CZAS / NIE MAM CZASU

mieć (to have) + accusative — **nie mieć** (not to have) + genitive

Mam czas.	I have time.	**Nie mam czas-u.**	I don't have time.
Mam pracę.	I have work.	**Nie mam prac-y.**	I don't have work.

MAM DUŻO/MAŁO CZASU

mieć dużo/mało + genitive

Mam dużo czasu.	I have a lot of time.
Mam mało czas-u.	I have little time.
Mam dużo prac-y.	I have a lot of work.
Mam mało prac-y.	I have little work.

Synonymous structures:
Mam czas o piątej. = Jestem wolny/-a o piątej.
I have time at five. = I am free at five.

Nie mam czasu. = Jestem zajęty/-a.
I don't have time. = I am busy.

Grammar

Hours

Ordinal numerals are used when talking about the time. The gender and case of the numeral is coordinated with the gender (example a) and case (example b) of the accompanying noun. In the case of ordinal numerals consisting of two digits (e.g. 21, 22, 23, 24) both elements are inflected: o dwudziestej drugiej, o dwudziestej trzeciej etc.

a) **godzina dwunasta**, **godzina dwudziesta czwarta** (feminine -a)
drugi dom na prawo, **dwudziesty drugi numer** (masculine –y/-i)
trzecie piętro, **drugie zdjęcie** (neuter –e/ie)

In the masculine and neuter forms of ordinal numerals, the consonant –g is softened by an –i (masc.) or –ie (neut.) ending.

b) **godzina druga** (nominative) – **o godzinie drugiej** (locative)

The structure with the nominative case gives information about the current time. It answers the question „Która jest godzina?" (*What time is it?*). In a sentence it serves as the subject or an attribute.
The structure with the locative case is used to describe the time of an event. It answers the question „O której godzinie?" ((*At*) *What time?*). In a sentence it serves as a time adverbial phrase.

Times in hours and minutes are given according to the following model:
08:05 – ósma (ordinal numeral) pięć (cardinal numeral)
In the structure with the locative case, only the ordinal number is inflected.
08:05 – o ósmej pięć

Mam czas/nie mam czasu

In this expression, the noun is in the genitive case, as in „**mieć mało/dużo czasu**" and „**mieć mało/dużo pracy**". This always happen if:

- the noun is preceded by the adverb **dużo** or **mało**
- the noun is preceded by a negative verb (with the **nie** particle)
- the noun is preceded by the preposition **od** or **do**

For noun endings in the genitive case, see Lessons 7 and 8.

Particle: ***może***

In this question and in the examples below „**może**" is not the 3rd person singular form of the verb '**móc**'. It is a fixed word (particle) giving a suggestive or invitational meaning to an utterance.

Masz może czas dziś wieczorem? – Do you have time this evening, maybe?

Czy to jest może twój paszport? – Is this your passport, maybe?

Może pan/pani wie, gdzie jest ulica Piwna? – Do you maybe know where Piwna Street is?

Exercises

EXERCISE 9. Put the given hours in order from the earliest to the latest.

dziesiąta rano, czwarta po południu, siedemnasta, dwunasta w nocy, dwudziesta pierwsza, szósta rano, dwunasta w południe, dziesiąta wieczorem, dziewiętnasta trzydzieści

szósta rano, ...

....

....

....

....

EXERCISE 10. What was the question?

Example: Która jest godzina? Jest siódma godzina.

1. ....? Możemy się spotkać o drugiej.
2. ....? Sklepy otwierają o ósmej rano.
3. ....? Ostatnie metro jest o dwudziestej trzeciej.
4. ....? W Pekinie jest teraz godzina czwarta po południu.
5. .... ? Ekspres do Gdańska jest o dwudziestej.
6. ....? Jest piąta trzydzieści.

EXERCISE 11. Write an SMS to a friend. Using the information given in brackets arrange a meeting.

Cześć, jesteś .... dzisiaj wieczorem? .... się spotkamy? .... (20:30) .... (klub „Vinho Verde") .... (koncert muzyki fado). Czekam na wiadomość, pozdrawiam – .... (twoje imię)

EXERCISE 12. Read the e-mails and the sentences below them. Which sentences are true and which are false?

e-mail

Cześć, czy jesteś dzisiaj bardzo zajęta? Może spotkamy się wieczorem? O 21:00 jest degustacja win* w „Kosmo". Mam dwa zaproszenia. Pozdrawiam, Maciek.

*__degustacja win__ *f* – wine-tasting

answer

Przepraszam, ale dzisiaj nie mam czasu. Muszę przygotować na jutro ważny dokument. Dziękuję za zaproszenie, pozdrawiam, B.

1. B. jest kobietą. ☐
2. Maciek zaprasza B. na lunch. ☐
3. Maciek proponuje B. spotkanie wieczorem. ☐
4. Degustacja win jest o dziesiątej wieczorem. ☐
5. Maciek ma dwa zaproszenia do „Kosmo". ☐
6. Maciek chce się spotkać z B. ☐
7. B. jest wolna dzisiaj wieczorem. ☐
8. B. nie ma czasu dzisiaj wieczorem. ☐
9. B. musi dzisiaj pracować. ☐
10. B. może spotkać się z Maćkiem o dwudziestej trzeciej. ☐

EXERCISE 13. Match expressions from columns A and B to form logical sentences.

Example: Jest szósta rano.

A)	B)
Dzisiaj mam	czasu
Spotkamy się	szósta rano
Niestety, jestem	dużo pracy
Jest	spotkamy się w weekend?
Nie mam	zajęty
Może	o ósmej

EXERCISE 14. Read the mini dialogues and fill in the missing words in the questions:
gdzie, czy, kiedy, o której godzinie, która godzina

Example: – <u>O której godzinie</u> mogę zadzwonić? – O pierwszej.

1.

– .... możemy się dzisiaj spotkać?
– Oczywiście.

2.

– .... jest to spotkanie?
– O szóstej po południu.

3.

– .... się spotkamy?
– W pubie.

4.

– .... masz czas dziś wieczorem?
– Nie, wieczorem nie mam czasu.

5.

– .... jest ten koncert?
– Jutro wieczorem.

6.

– ....?
– Siódma dziesięć.

EXERCISE 15. Read the telephone conversation once again. Now, without looking at the script please put the expressions below in order.

P: O ósmej jest impreza w „Rocco".
A: Mogę, jestem już w domu.
P: W „Rocco" o ósmej piętnaście. Na razie!
A: Halo.
P: Co robisz dziś wieczorem?
A: Jeszcze nie wiem.
P: Może się spotkamy? Masz czas o ósmej?
A: Świetne miejsce. To gdzie i o której się spotkamy?
P: Cześć, mówi Piotr. Możesz rozmawiać?
A: A co jest o ósmej?
A: Na razie!

Lesson 7

Dzień jak co dzień
Business as usual

Plans for the day and routine activities

Text and vocabulary

Dzień Piotra

Piotr jest menedżerem w dużej korporacji. Pracuje od rana do wieczora i zawsze ma za mało czasu. Piotr zwykle wstaje o siódmej. Najpierw myje się, potem je śniadanie i pije kawę.

O siódmej trzydzieści jedzie metrem do biura. Pracuje od ósmej do osiemnastej. O pierwszej ma przerwę na lunch. Po pracy często spotyka się z kolegami – zwykle w pubie albo na siłowni. Czasem umawia się na randki. Wieczorem wraca do domu i je kolację. Codziennie ogląda do późna telewizję. Zwykle chodzi spać o pierwszej, drugiej w nocy.

Piotr's Day

Piotr is a manager in a large corporation. He works all day and he always has too little time. Piotr usually gets up at seven. First, he washes himself, then he eats breakfast and drinks coffee.

At seven thirty he takes the underground to the office. He works from eight to six. At one o'clock he has a lunch break. After work he often meets with his friends – usually in a pub or at the gym. Sometimes he goes on dates. In the evening he goes back home and eats dinner. Every day he watches TV till late. He usually goes to sleep at about one or two o'clock in the morning.

Vocabulary

chodzić spać *v imperf.*	to go to sleep
codziennie *adv.*	every day
czasem/czasami *adv.*	sometimes
często *adv.*	often
do późna *adv.*	until late
jeść śniadanie	to have breakfast
jeść *v imperf.*	to eat
korporacja *f*	corporation
najpierw *adv.*	(at) first
od ... do ... *praep.*	from … to…
od czasu do czasu	from time to time
od rana do wieczora	all day [from the morning till the evening]
oglądać telewizję	to watch TV
pić kawę	to drink coffee
po pracy *praep.*	after work
przerwa *f*	a break
przerwa *f* **na lunch**	lunch break
randka *f*	date
umawiać się na randki	to go on dates
umawiać się *v imperf.*	to make an appointment
wstawać *v imperf.*	to get up
zawsze *adv.*	always
zwykle *adv.*	usually

Key structure: ***od... do***

Pracuję <u>od ósmej rano</u>.
I work from eight o'clock in the morning.
Adam pracuje dzisiaj <u>do godziny siedemnastej</u>.
Adam works until (to) five today.
Ewa pracuje zwykle <u>od ósmej do osiemnastej.</u>
Ewa usually works from eight to six.

Questions:

– Od której godziny jutro pracujesz?
  What time do you start working tomorrow?
– Jutro pracuję od ósmej.
  Tomorrow I work from eight o'clock.

– Do której godziny jest pan/pani dzisiaj zajęty/-a?
  Until what time are you busy today?
– Jestem zajęty/-a do szóstej.
  I am busy until six o'clock.

– Od której do której (godziny) masz przerwę na lunch?
  When do you have a lunch break? (from what time to what time)
– Od pierwszej do drugiej.
  From one o'clock to two.

The prepositions **od** and **do** require a genitive form. The ending **–ej** is used for ordinal numerals in the feminine (e.g. for hours). For noun endings in the genitive see Lessons 7 and 8.

■ *Adverbs of frequency*

The frequencies of routine activities can be described with the following adverbs:

zawsze	always
zwykle	usually
codziennie	every day
często	often
czasem/czasami	sometimes
od czasu do czasu	from time to time
rzadko	rarely
nigdy	never

Examples:

Piotr zawsze dużo pracował.	Piotr has always worked a lot.
Ona nigdy nie ma czasu.	She never has time.
Zwykle robimy zakupy w supermarkecie.	We usually do shopping in a supermarket.
Codziennie uczę się polskiego.	I learn Polish every day.
Czy spotykasz się czasem z Anną?	Do you meet Anna sometimes?
Oni często pracują w weekendy.	They often work at weekends.
Mój syn rzadko ogląda telewizję.	My son rarely watches TV.

Note: in sentences with the adverb **nigdy** (*never*) there is a double negation.

<u>Nigdy nie</u> piję alkoholu. – I never drink alcohol.

<u>Nigdy nie</u> oglądam reality-show. – I never watch reality shows.

<u>Nigdy nie</u> jem kolacji. – I never eat dinner/supper.

■ *Meals*

nominative singular forms		accusative singular forms	
śniadanie	breakfast	**na śniadanie**	for breakfast
obiad	lunch, dinner	**na obiad**	for lunch/dinner
kolacja	dinner/supper	**na kolację**	for dinner/supper

To jest moje śniadanie.	This is my breakfast.
Na śniadanie jem jogurt i piję kawę.	For breakfast I eat yoghurt and drink coffee.
To jest mój obiad.	This is my lunch/dinner.
Na obiad jem mięso i sałatkę.	For lunch/dinner I eat meat and a salad.
To jest moja kolacja.	This is my dinner/supper.
Na kolację jem kanapkę i piję sok.	For dinner/supper I eat a sandwich and drink juice.

Question:

Co pan/pani zwykle je na śniadanie?	What do you usually eat for breakfast?

Co zwykle jesz na obiad?	What do you usually eat for lunch/dinner?

When talking or asking about eating habits, we use the structure **na** + noun in the accusative: **na śniadanie**, **na obiad**, **na kolację**. The accusative form is also required after the verbs **jeść** and **pić**, e.g.:
Jem kanapkę. – I eat a sandwich.
Piję herbatę. – I drink tea.

Grammar

*Verbs **iść** and **chodzić***

We use the verb **iść** when talking about a one-time activity. The verb **chodzić** is used when describing multiple, regular activities. It is often accompanied by the adverbs **codziennie**, **zwykle**, **często**, **rzadko**, **czasami** and **nigdy**.

Examples:

Idę na zakupy.	I am going shopping.
Po południu idziemy do kina.	We're going to the cinema in the afternoon.
Adam idzie wieczorem do teatru.	Adam's going to the theatre in the evening.
Codziennie chodzę na zakupy.	I go shopping every day.
Często chodzimy do kina.	We often go to the cinema.
Adam nigdy nie chodzi do teatru.	Adam never goes to the theatre.

Exercises

Vocabulary

brudas *m*	slob
kibic *m*	fan, supporter
kucharz *m*	cook
leniuch *m*	a lazy person
mecz *m* (**mecz piłki nożnej**)	match (football match)
meloman *m*	music lover
wegetarianin *m*	vegetarian
wystawa *f*	exhibition

EXERCISE 1. Insert the correct preposition: **w**, **o**, **od**, **do**, **z**

Example: Jutro idziemy do kina.

1. On pracuje ..... rana .... wieczora.
2. ...... której godzinie zwykle jesz kolację?
3. Po południu idę .... lekarza.
4. Wystawa jest otwarta ..... jedenastej ..... szóstej po południu.
5. ..... środę jadę .... Gdańska.
6. .... której godzinie wraca pani ... pracy?

EXERCISE 2. Read the text "Piotr's Day" again and decide which sentences are true and which are false.

1. Piotr pracuje od rana do wieczora. ☐
2. Piotr nigdy nie wstaje o siódmej. ☐
3. Piotr zwykle wstaje o siódmej. ☐
4. Piotr najpierw je śniadanie, a potem myje się. ☐
5. Piotr jedzie do biura samochodem. ☐
6. Piotr pracuje od ósmej do dwudziestej. ☐

7. Piotr ma o pierwszej piętnaście przerwę na lunch. ☐
8. Piotr spotyka się z kolegami w pubie albo na siłowni. ☐
9. Piotr codziennie umawia się na randki. ☐
10. Piotr rzadko ogląda telewizję. ☐
11. Piotr zwykle chodzi spać o dwudziestej drugiej. ☐

EXERCISE 3. In the text "Piotr's Day", change forms of the verbs from the 3rd person singular to the 1st person singular.

Jestem menedżerem w dużej korporacji. .... od rana do wieczora i zawsze .... za mało czasu. Zwykle .... o siódmej. Najpierw ...., potem .... śniadanie i .... kawę. O siódmej trzydzieści .... metrem do biura. .... od ósmej do osiemnastej. O pierwszej ...... przerwę na lunch. Po pracy często .... z kolegami – zwykle w pubie albo na siłowni. Czasem .... na randki. Wieczorem .... do domu i .... kolację. Codziennie .... do późna telewizję. Zwykle .... spać o pierwszej, drugiej w nocy.

EXERCISE 4. Guess who they are:

Example: Zawsze ma dobry humor – <u>optymista</u>

1. Rzadko się myje – ....
2. Nigdy nie odpoczywa – ....
3. Codziennie pije dużo alkoholu – ....
4. Często umawia się na randki – ....
5. Czasem gra w filmie, a czasem w teatrze – ....
6. Codziennie gotuje – ....
7. Często chodzi do kina – ....
8. Zawsze ma porządek na biurku – ....

(**playboy**, **brudas**, **kinoman**, **pedant**, **aktor**, **optymista**, **kucharz**, **pracoholik**, **alkoholik**)

EXERCISE 5. Fill in the missing adverbs:

Example: Polityk <u>rzadko</u> mówi prawdę.

1. Meloman .... słucha muzyki.
2. Pracoholik .... nie odpoczywa.
3. Pesymista .... jest niezadowolony.
4. Kibic .... chodzi na mecze.
5. Wegetarianin .... nie je mięsa.
6. Leniuch .... pracuje.

EXERCISE 6. Iść or **chodzić**? Choose the correct verb.

Example: Codziennie chodzę na siłownię. (<u>chodzę</u>, idę)

1. Nigdy nie .... do opery. (chodzę, idę)
2. Dzisiaj wieczorem .... na spacer. (chodzimy, idziemy)
3. O której godzinie .... zwykle spać? (chodzisz, idziesz)
4. Adam często .... na randki. (chodzi, idzie)
5. Czy pan .... teraz na obiad? (chodzi, idzie)
6. Kiedy .... państwo na urlop? (chodzą, idą)
7. Czy .... czasem do kina? (chodzicie, idziecie)
8. W niedzielę .... na przyjęcie. (chodzę, idę)

Dialogues and vocabulary

Dialogue

Jan: Co chciałabyś dzisiaj robić?
What would you like to do today?

Ola: Jeszcze nie wiem co chciałabym robić, ale wiem co muszę. A ty?
I don't know yet what I would like to do, but I know what I have to do. And you?

Jan: Najpierw chciałbym jechać do sklepu kupić nowe buty, a potem do kina.

First, I would like to go to a shop to buy some new shoes and later go to the cinema.

Ola: Masz już bilety?

Do you have tickets already?

Jan: Jeszcze nie, ale kupimy bez problemu. Chciałabyś iść ze mną?

Not yet, but we will buy them without a problem. Would you like to go with me?

Ola: Chętnie, ale po południu mam wizytę u lekarza, potem zakupy. Może wieczorem?

With pleasure, but I have a doctor's appointment in the afternoon; after that I'm going shopping. How about in the evening?

Jan: A na którą godzinę idziesz do lekarza?

At what time do you have the doctor's appointment?

Ola: Na szesnastą.

At 4 pm.

Jan: Czy do kina możemy iść na dwudziestą?

Can we go to the cinema at 8 pm?

Ola: Oczywiście.

Of course.

Vocabulary

bez *praep.*	without
but *m*	shoe
chciałbym	I would like
chętnie *adv.*	with pleasure
lekarz *m*	doctor
not yet	jeszcze nie
wizyta *f*	appointment, visit
zakupy *m*	shopping
ze mną	with me

Grammar

Conditional mood: verb **chcieć**

singular masculine	**singular feminine**	**singular neuter**	**plural masculine**	**plural feminine**	**plural neuter**
ja chciałbym	ja chciałabym		my chcielibyśmy	my chciałybyśmy	
ty chciałbyś	ty chciałabyś		wy chcielibyście	wy chciałybyście	
on chciałby	ona chciałaby	ono chciałoby	oni chcieliby	one chciałyby	one chciałyby

The conditional mood of a verb expresses hesitation, supposition, indecision or a wish. The described situations may be hypothetical, unreal or questionable. In Polish, the conditional mood is described by the ending –**by** with the regular conjugative modifications.

The verb **chciałby** (*he would like to*) has different forms depending on the number and gender. In a sentence it is accompanied by an infinitive, e.g.: **chciałby iść** (*he would like to walk*), **chciałby kupić** *(he would like to buy*), **chciałby studiować** (*he would like to study*), or by a noun in the accusative, e.g.: **chciałby pizzę** (*he would like a pizza*), **chciałby sok** (*he would like some juice*).

The question **Na którą godzinę?** is used to ask about the time of a given event, e.g.: **Na którą godzinę idziesz do pracy?** (*What time do you go to work?*). The answer is formed by using an ordinal numeral in the accusative: **na pierwszą, na drugą** (*at one o'clock, at two o'clock*) etc.

Exercises

EXERCISE 7. Answer the questions based on the dialogue above.

1. Gdzie Jan chciałby jechać najpierw?

   ....

2. Co Jan chciałby kupić?

   ....

3. Czy Jan ma już bilety do kina?

   ....

4. Kiedy Ola ma wizytę u lekarza?

   ....

5. Gdzie Ola i Jan idą wieczorem?

   ....

6. Na którą godzinę idą do kina?

   ....

EXERCISE 8. Fill in the sentences with the correct form of the verb 'chcieć' in the conditional mood.

1. Piotr .... jechać do Francji.
2. Ewa i Ania .... studiować we Wrocławiu.
3. Państwo Hanson .... pracować w Polsce.
4. Gdzie .... jeść kolację? (*ask Ania*)
5. O której godzinie .... iść do pubu? (*ask Marek and Andrzej*)
6. One .... świetnie mówić po francusku.
7. (Ja) .... tiramisu i sok pomarańczowy.
8. Na którą godzinę Anna .... iść do dentysty?

Grammar

Singular nouns in the genitive

Masculine	Feminine	Neuter
-**a** np. dworc**a** -**u** np. bank**u**	-**i** np. galeri**i** -**y** np. ambasad**y**	-**a** np. kin**a** unchanged: centrum, muzeum

The genitive forms of nouns are used after the preposition **do**, e.g.: **iść/jechać do klubu, do szpitala, do szkoły, do Anglii, do ronda.**
The accusative forms have different endings depending on the gender.

Exercises

EXERCISE 9. Change the following nouns into their singular genitive forms.

1. dom – ....
2. szkoła – ....
3. praca – ....
4. biuro – ....
5. ambasada – ....
6. pub – ....
7. Polska – ....
8. Francja – ....
9. metro – ....
10. skrzyżowanie – ....
11. biuro – ....
12. gabinet – ....

EXERCISE 10. Complete the sentences with phrases which best suit the context: **do parku, do kiosku, do restauracji, do ambasady, do Grecji, do banku, do klubu**.

1. Na spotkanie z ambasadorem idziesz ....
2. Na wakacje jedziemy ....
3. Po gazetę Ewa idzie ....
4. Kiedy chcemy tańczyć idziemy ....
5. Po kredyt idę ....
6. Na lunch idą ....
7. W niedzielę na spacer idziemy..

Text and vocabulary

Kalendarz asystentki dyrektora
The Director's Assistant's Diary

9 00	Odwołać spotkanie z klientem. Cancel the meeting with the client.
10 00	Zapytać o cenę kursu angielskiego. Ask about the price of an English course.
11 00	Zarezerwować stolik w restauracji na siódmą wieczorem. Book a table in a restaurant for 7 p.m.
12 00	Zamówić kebab na lunch. Zarezerwować bilet na samolot do Gdańska. Order a kebab for lunch. Book a ticket for a flight to Gdańsk.
13 00	Iść do banku odebrać nową kartę kredytową. Go to the bank to collect a new credit card.
14 00	Zapłacić rachunek za telefon. Pay the phone bill.
15 00	Umówić się na wizytę u dentysty. Make a dentist's appointment.

16 00	Iść do ambasady po wizę dla szefa. Go to the embassy for the boss's visa.
17 00	Zamówić taksówkę dla szefa. Order a taxi for the boss.

Vocabulary

cena *f*	price
dentysta *m*	dentist
odebrać kartę kredytową *v perf.*	to collect a credit card
stolik *m*	to book a table
umówić *v perf.*	to arrange, to book
wiza *f*	visa
zapytać *v perf.*	to ask
zarezerwować *v perf.*	to book

Exercises

EXERCISE 11. Fill in the gaps with the correct verbs.

1 .... spotkanie z klientem.
2 .... o cenę kursu angielskiego.
3. .... stolik w restauracji na siódmą wieczorem.
4. .... kebab na lunch. Zarezerwować bilet na samolot do Gdańska.
5. .... do banku .... nową kartę kredytową.
6 .... rachunek za telefon.
7. .... wizytę u dentysty.
8. .... do ambasady po wizę dla szefa.
9. .... taksówkę dla szefa.

Dialogues and vocabulary

Dialogue 1

Asystentka i klient
The assistant and the client

Asystentka: Dzień dobry! Przepraszam, ale niestety muszę dziś odwołać spotkanie z dyrektorem.
Good morning! I'm very sorry but unfortunately I have to cancel the meeting with the director today.

Klient: No cóż, bardzo mi przykro. Dlaczego?
Well, I'm very sorry then. Why?

Asystentka: Mnie również jest przykro, ale dzisiaj dyrektor jest bardzo zajęty.
I'm sorry as well, but the director is very busy today.

Klient: Czekam więc na kontakt od państwa, kiedy możemy się spotkać.
So, I'm waiting for contact from you about when we can meet.

Asystentka: Tak, oczywiście. Jeszcze raz bardzo przepraszam za zmianę.
Yes, of course. Once again, I'm very sorry for the change.

Klient: Do usłyszenia.
Speak to you soon.

Asystentka: Do usłyszenia.
Speak to you soon.

Dialogue 2

Asystentka i szkoła językowa
The assistant and the language school

Asystentka: Dzień dobry, chciałabym zapytać o cenę intensywnego kursu angielskiego.
Good morning, I would like to ask about the price of the intensive English course.

Biuro szkoły: Jeden kurs grupowy, 20 lekcji kosztuje 1000 złotych.
One group course of 20 lessons costs 1,000 zlotys.

Asystentka: Dziękuję za informację.
Thank you for the information.

Dialogue 3

Asystentka i szef restauracji
The assistant and the restaurant manager

Asystentka: Dzień dobry, chciałabym zarezerwować stolik na dziś na godzinę siódmą wieczorem.
Good afternoon, I would like to book a table for today for 7 pm.
Szef restauracji: Dzień dobry, na ile osób?
Good afternoon, for how many people?
Asystentka: Na cztery osoby, w sali dla niepalących.
For four people in the non-smoking section.
Szef restauracji: Na jakie nazwisko?
Under which name?
Asystentka: Sokołowski.
Sokołowski.
Szef restauracji: W porządku, jest rezerwacja, zapraszamy.
All right. The booking is made. We are waiting for you.
Asystentka: Dziękuję. Czy można u państwa płacić kartą?
Thank you. Can we pay with a credit card?
Szef restauracji: Tak, oczywiście.
Yes, of course.

Dialogue 4

Asystentka i dentysta
The assistant and the dentist

Asystentka: Dzień dobry, chciałabym umówić się na wizytę.
Good morning, I would like to make an appointment.

Dentysta: Na kiedy?
For when?

Asystentka: W przyszłym tygodniu, na wtorek.
Next week, on Tuesday.

Dentysta: Dobrze, jest kilka wolnych miejsc. Na którą godzinę?
All right, there are a few vacancies. What time?

Asystentka: Na siedemnastą.
At 5 pm.

Dentysta: Niestety jest zajęta. Może pół godziny później, na siedemnastą trzydzieści?
Unfortunately that time is taken. Maybe half an hour later, at 5:30?

Asystentka: Świetnie, proszę mnie zapisać. Czy mogę zapłacić kartą?
Great, please book me in. Can I pay with a credit card?

Dentysta. Niestety nie, tylko gotówką.
Unfortunately not, cash only.

■ *Dialogue 5*

Asystentka i korporacja taxi
The assistant and the taxi company

Asystentka: Dzień dobry, chciałabym zamówić taksówkę.
Hello, I would like to order a taxi.

Taxi: Na jaki adres?
What address?

Asystentka: Do centrum, na ulicę Emilii Plater 6.
Centre, 6 Emilia Plater Street.

Taxi: Na którą godzinę?
What time?

Asystentka: Proszę na siedemnastą dwadzieścia, na nazwisko Sokołowski.
For 5:20, please. For Sokołowski.

Taxi: Dobrze, dziękuję.
All right, thank you.

Vocabulary

Bardzo mi przykro.	I'm very sorry.
Czy można płacić kartą/gotówką?	Can I pay with a credit card/cash?
gotówka *f*	cash
kilka	a few
kurs *m* **grupowy**	group course
Muszę odwołać…	I have to cancel…
Na którą godzinę?	At what time?
osoba *f*	person
płacić gotówką	pay cash
płacić *v imperf.*	to pay
rezerwacja *f*	booking
sala *f* **dla niepalących**	non-smoking section
w porządku	all right
zmiana *f*	change

Exercises

EXERCISE 12. Fill in the sentences with the correct verbs from the grid below.

umówić się, odwołać, zamówić, zarezerwować, zarezerwować, zamówić

1. Chciałbym .... pizzę hawajską.
2. Jestem bardzo zajęty i muszę .... spotkanie.
3. Chcielibyśmy .... stolik w sali dla palących na dwudziestą pierwszą.
4. Proszę .... mi bilet na koncert Celine Dion w Krakowie.
5. Chciałabym .... taksówkę na ulicę Piękną.
6. Czy mogę .... na spotkanie?

EXERCISE 13. Match the verbs with the correct nouns.

1. zamówić	a na spotkanie
2. zarezerwować	b na wizytę
3. umówić się	c rachunek
4. odwołać	d o cenę
5. zapisać się	e taksówkę
6. płacić	f kartą kredytową
7. zapytać	g spotkanie
8. płacić	h stolik

Grammar

Numbers 100 – 1000

100	sto
200	dwieście
300	trzy**sta**
400	cztery**sta**
500	pięć**set**
600	sześć**set**
700	siedem**set**
800	osiem**set**
900	dziewięć**set**
1000	tysiąc

Exercises

EXERCISE 14. Write the prices in words.

1. Ile kosztuje prywatna lekcja angielskiego? (60 złotych)

 ....

2. Ile twoja firma płaci za telefon? (850 złotych)

 ....

3. Ile kosztuje kurs salsy? (720 złotych)

 ....

4. Ile płacisz za elektryczność? (około 200 złotych)

 ....

5. Ile kosztuje dobra kolacja? (około 300 złotych)

 ....

6. Ile kosztuje bilet na samolot do Anglii? (540 złotych)

 ....

7. Ile płacisz za mieszkanie? (468 złotych)

 ....

EXERCISE 15. Choose the correct answer.

1. Gdzie idziesz? (do bar, do domu, do dworzec) ....
2. Czy mogę płacić (kartą, gotówka, bilet) ....?
3. On chciałby zapisać się na (rachunek, hotel, wizytę) ....
4. Chciałbym zamówić (taksówka, pizzę, autobusem) ....
5. Jutro jadę do (szkoły, samochodem, teatr) ....
6. Chciałabym zrobić (telefon, rezerwację, bilet) ....
7. Proszę jechać do (kino, centrum, ulica) ....

EXERCISE 16. Underline the odd word out.

1. bilet, lekarz, kino, film
2. kasa, płacić, rezerwować, gotówka
3. umówić się, wizyta, lekarz, kasa

4. wizyta, sklep, zakupy, kupować
5. rezerwować, zakupy, stolik, restauracja

Text and vocabulary

EMAIL

Witam,
Chciałbym zarezerwować dwuosobowy pokój w Państwa hotelu z łazienką, telewizorem i dostępem do Internetu na dwa tygodnie (4-17. 08.). Czy rezerwacja jest możliwa? Proszę o odpowiedź z informacją ile kosztuje doba.
Z poważaniem
Piotr Byczkowski

Hello,
I would like to book a double room in your hotel with a bathroom, a TV set and the Internet access for two weeks (4-17.08.). Is this booking possible? Please write back to me with information about the price per night.
Best regards,
Piotr Byczkowski

Vocabulary

Chciałbym zarezerwować pokój.	I would like to book a room.
doba *f*	day & night (24 hours)
dostęp *m* **do Internetu**	access to the Internet
pokój *m* **dwuosobowy**	double room
możliwy *adi.*	possible
odpowiedź *f*	reply, answer
Proszę o odpowiedź.	Please write back to me.
Z poważaniem	Best regards

Exercises

EXERCISE 17. Match the phrases with the places where they are used.

1. Poproszę dwa bilety na dziewiętnastą	a lotnisko
2. Chciałbym zarezerwować stolik	b sklep
3. Chciałbym zarezerwować bilet do Berlina	c pizzeria
4. Poproszę gazetę	d kino
5. Poproszę chleb i masło	e szkoła
6. Chciałbym zamówić pizzę	f restauracja
7. Chciałbym zapisać się na kurs	g hotel
8. Chciałabym zarezerwować pokój	h kiosk

EXERCISE 18. Fill in the gaps.

1. Na .... godzinę idziemy do teatru?
2. Na którą .... masz wizytę u fryzjera?
3. .... mogę płacić kartą?
4. .... mogę prosić rachunek?
5. .... płacisz za mieszkanie?
6. .... kosztuje doba w hotelu Bristol?

Lesson 8

Życie towarzyskie i uczuciowe
Social life, likes and dislikes

Text and vocabulary

Blog reportera cz. 1
Reporter's blog part 1

Nazywam się Kacper Nowak. Jestem dziennikarzem. Pracuję w radiu jako dziennikarz muzyczny. Bardzo lubię jazz, dobre europejskie kino i włoską kuchnię. Lubię też muzykę McFerrina, Milesa Davisa i Leszka Możdżera. Gdy jestem smutny, lubię nucić piosenkę pt. „Don't worry, be happy". Mieszkam i pracuję w centrum Warszawy. Uwielbiam Warszawę. Do domu wracam pieszo, bo lubię obserwować ludzi i oglądać miasto. Nie cierpię Pałacu Kultury i Nauki, bo moim zdaniem jest bardzo brzydki.

Mam żonę. Kocham ją, a ona mnie. Moja żona ma na imię Magdalena. Magda jest nauczycielką języka polskiego. Ona bardzo lubi literaturę. Woli Fiodora Dostojewskiego niż Michaiła Bułhakowa. Ja nie rozumiem Dostojewskiego i dlatego uwielbiam Bułhakowa. Cieszę się, że moja żona też lubi jazz. Magda lubi np. utwory Anny Marii Jopek i Diany Krall. Moja żona lubi piwo z sokiem malinowym. Ja nie cierpię piwa. Uwielbiam czerwone wino.

My name is Kacper Nowak. I'm a journalist. I work in a radio station as a music correspondent. I like jazz, good European cinema and Italian cuisine a lot. I also like music composed by McFerrin, Miles Davis and Leszek Możdżer. When I'm sad, I like to hum the song 'Don't worry, be happy'. I live and work in the centre of Warsaw. I adore Warsaw. I go back home on foot, because I like observing people and seeing the city. I hate the Palace of Culture and Science, because I think it's very ugly.

I have a wife. I love her and she loves me. Her name is Magdalena. Magda is a Polish language teacher. She likes literature a lot. She prefers Fyodor Dostoevsky to Mikhail Bulgakov. I don't understand Dostoevsky and therefore I love Bulgakov. I'm glad that my wife likes jazz as well. Magda likes pieces by Anna Maria Jopek and Diana Krall. My wife likes beer with raspberry juice. I hate beer. I adore red wine.

Vocabulary

dziennikarz *m*	journalist
europejski *adi.*	European
gdy *coni.*	when
kochać *v imperf.*	to love
kuchnia *f*	cuisine
malinowy *adi.*	raspberry
moim zdaniem	in my opinion
muzyczny *adi.*	music
nie cierpieć *v imperf.*	to hate
nienawidzić *v imperf.*	to hate
nucić *v imperf.*	to hum
pieszo *adv.*	on foot
piosenka *f*	song
radio *n*	radio
reporter *m*	reporter
smutny *adi.*	sad
też *part.*	also
uczuciowy *adi.*	emotional
utwór *m*	piece, composition (muz.)
uwielbiać *v imperf.*	to love, to adore
życie towarzyskie	social life

Phrases expressing emotions:

cieszę się, że... — I am glad that...
Cieszę się, że cię widzę.

lubię... / nie lubię ... — like... / don't like...
Lubię jazz.
Nie lubię jazzu.

kocham... / nienawidzę... — love... / hate...
Kocham Magdę.
Nienawidzę Magdy.

uwielbiam... / nie cierpię... — adore... / hate...
Uwielbiam Milesa Davisa.
Nie cierpię Milesa Davisa.

mam ochotę na.../ nie mam ochoty na... — I feel like.../I don't feel like
Mam ochotę na kawę.
Nie mam ochoty na kawę.

Grammar

Do you remember?
Endings of nouns in the genitive:

singular		
genitive feminine	**genitive masculine**	**genitive neutral**
-i*/-y	**-u/-a**	**-a**
Nie mam **pracy** **ochoty** **kawy** **wizytówki** **książki** **lekcji**	Nie mam **czasu** **apetytu** **domu** **komputera** **telewizora** **chleba**	Nie mam **mieszkania** **piwa** **auta** **radia** (bez zmian) – **centrum**, **muzeum**, **konserwatorium***

Nie lubię herbaty. I don't like tea. **Nie cierpię środy.** I hate Wednesdays. **Idę do restauracji.** I'm going to a restaurant.	**Nie lubię teatru.** I don't like theatre. **Nie cierpię poniedziałku.** I hate Mondays. **Idę do szpitala.** I'm going to the hospital.	**Nie lubię wina.** I don't like wine. **Idę do kina.** I'm going to a cinema. **Idę do muzeum.** I'm going to a museum.

* see Lesson 3.

Ending **–i** in the genitive singular is used with feminine nouns which end with: **-k**, **-g**, **-l**, **-j**, **-i**, **-ś**, **-ć**, **-dź, –ń**.

The endings of inanimate masculine nouns

Inanimate masculine nouns end with either **–u** or **–a**.

Ending **–u** is taken by inanimate nouns which refer to:
- abstract concepts, e.g.: **czas-u**, **smutk-u**, **żal-u**, **komfort-u**;
- substances, e.g.: **cukr-u**, **miod-u**, **produkt-u**;
- mass nouns, e.g.: **narod-u**, **tłum-u**;
- week days: **poniedziałk-u**, **wtork-u**, **czwartk-u**, **piątk-u**;

and also by nouns:
- of foreign origin, e.g.: geographical names: **Londyn-u**, **Madryt-u**, **Tybet-u**, **Nil-u** (but: **Berlin-a**, **Paryż-a**, **Lwow-a**, **Kijow-a**) and others: **weekend-u**;
- made from verbs, e.g.: **rozkaz-u** (rozkazać = *to order*), **odczyt-u** (odczytać = *to read*), **zapis-u** (zapisać = *to write down*), **mord-u** (mordować = *to murder*);
- built from two words, e.g.: **światopogląd-u** (świat + pogląd), **korkociąg-u** (korek + ciągnąć), **długopis-u** (długo + pisać).

The ending **–a** is taken by inanimate nouns which refer to:
- size and weight, e.g.: **kilogram-a**, **metr-a**, **odcink-a;**

- tools, e.g.: **noż-a**, **widelc-a**, **grzebieni-a** (apart from nouns built from two words: **śrubokręt-u** (śruba + kręcić), but: **kręgosłup-a** (kręg + słup);
- months: **styczni-a**, **marc-a**, **kwietni-a**, **maj-a**, **czerwc-a**, **lipc-a**, **sierp-ni-a**, **wrześni-a**, **październik-a**, **listopad-a**, **grudni-a**;
- names of Polish places, e.g.: **Krakow-a**, **Gdańsk-a**, **Szczecin-a**, **Śląsk-a**, **Wieprz-a** (but: **San-u**, **Bug-u**) apart from compound nouns like**: Białe-gostok-u** (biały + stok);

Note: the genitive of singular inanimate nouns is quite complex, therefore it is generally advised to learn the forms with the endings –**a** or –**u** by heart.

In Polish, by using the endings –**a** and –**u** in the genitive singular, we can differentiate between personal and non-personal meanings of nouns, e.g.: **tenora** (a singer) – **tenoru** (a voice), **geniusza** (genius, person) – **geniuszu** (a great talent).

The endings of animate masculine nouns

Animate masculine nouns end with –**a** in the genitive singular.
Inflection of animate, masculine nouns in the accusative and genitive

singular		
nominative	**accusative**	**genitive**
pan	pan**a**	pan**a**
kot	kot**a**	kot**a**

The negation ***'nie'***

All nouns, when accompanied by negation **'nie'**, are followed by the genitive, e.g.:
lubię kawę : **nie** lubię kawy,
znam pana Adama : **nie** znam pana Adama,
czytam gazetę : **nie** czytam gazety.

Exercises

EXERCISE 1. Make the following sentences negative.

Example: Mam duży dom. Nie mam dużego domu.

1. Masz trudny charakter. ....
2. Lubię Karolinę i Roberta. ....
3. Pani Ela gotuje zupę. ....
4. Kolega ogląda kabaret. ....
5. Koleżanka czyta książkę. ....
6. Robimy prezentację. ....
7. Pijesz wino? .... ?
8. Państwo Nowakowie jedzą pizzę. ....
9. Jutro zwiedzamy Paryż. ....
10. Rozumieją państwo pytanie? .... ?
11. Mam brata. ....
12. Karol widzi kota. ....

EXERCISE 2. Choose the correct forms.

1. Nie lubię poniedziałku/poniedziałka.
2. Nie mam komputeru/komputera.
3. Nigdy w tramwaju nie czytam gazetę/gazety.
4. Zawsze oglądam telewizję/telewizji.
5. Rozumiemy Tomasza/Tomaszu.
6. Dziękuję, ale wolę chleb/chleba.
7. Nie znam profesora/profesoru.
8. Nie jem szynky/szynki.
9. Nie kupujecie rowera/roweru?
10. Oni jeszcze nie mają samochodu/samochoda.
11. Widzisz Annę/Anny?
12. Nie widzisz Annę/Anny?

Grammar

The genitive case is also used in structures indicating a relationship between nouns, e.g.:
brat Małgorzaty i **Adama** (*Margaret's and Adam's brother*),
samochód reżysera (*the director's car*),
książka nauczycielki (*the teacher's book*),
siostra mamy (*mum's sister)*,
życie aktorki (*the actress's life*).

We ask:
czyj (*whose?*) for masculine nouns: **czyj brat?**, **czyj samochód?**
czyja (*whose?*) for feminine nouns: **czyja książka?**, **czyja siostra?**
czyje (*whose?*) for neuter nouns: **czyje życie?**

Exercises

EXERCISE 3. Answer the questions.

Example: Czyj zeszyt? – ucznia (uczeń)

1. Czyj dokument? .... (dyrektor)
2. Czyja córka? .... (sąsiad)
3. Czyja żona? .... (aktor)
4. Czyj mąż? .... (koleżanka)
5. Czyje dziecko? .... (Iwona)
6. Czyje mieszkanie? .... (Marcin)
7. Czyj problem? .... (pracownik)
8. Czyja wina? .... (inżynier)
9. Czyja książka? .... (Adam Mickiewicz)
10. Czyj film? .... (David Lynch)
11. Czyje wino? .... (Patryk)

Grammar

Inflection of personal pronouns in the accusative and genitive

singular		
nominative	**accusative**	**genitive**
ja	mnie	mnie
ty	ciebie/cię*	ciebie/cię*
on/pan	jego/go*	jego/go*
ona/pani	ją	jej
ono	je	jego/go*
my	nas	nas
wy	was	was
oni/panowie państwo	ich	ich
one/panie	je	ich

*Short forms of personal pronouns are used in the middle or at the end of a sentence, whereas the long forms are used at the beginning, e.g.: **Ciebie lubię**. **Nie lubię go**.

Exercises

EXERCISE 4. Mark the correct sentences.

1. Mnie to nie interesuje.
2. Mu to nie interesuje.
3. To go nie interesuje.
4. Kocham cię.
5. Jego nie ma w pracy.
6. Nie ma go w pracy.
7. Znam jej.

EXERCISE 5. Replace the underlined nouns with personal pronouns.

Magda woli Fiodora Dostojewskiego niż Michała Bułhakowa. Ja Dostojewskiego nie rozumiem i dlatego uwielbiam Bułhakowa. Cieszę się, że moja żona też lubi jazz. Magda lubi Annę Marię Jopek i Dianę Krall. Moja żona pije piwo z sokiem malinowym. Ja nie cierpię piwa. Uwielbiam Warszawę.

Text and vocabulary

Blog reportera cz. 2

Reporter's blog part 2

Magda nie lubi Warszawy, bo jej zdaniem stolica Polski jest eklektyczna i ma chaotyczną strukturę. Woli Kraków. Mówi, że Kraków jest ładniejszy, bardziej uporządkowany i ciekawszy od Warszawy. Ja jednak myślę, że Warszawa jest bardziej interesująca od Krakowa, ponieważ jest i większa, i różnorodniejsza.

W weekendy lubimy spacerować w Łazienkach lub w Parku Skaryszewskim na Pradze. Moim zdaniem Park Skaryszewski jest najpiękniejszym parkiem stolicy.

Magda doesn't like Warsaw, because, in her opinion, the capital of Poland is eclectic and has a chaotic structure. She prefers Cracow. She says Cracow is prettier, better organised and more interesting than Warsaw. I think, however, that Warsaw is more interesting than Cracow, because it is bigger and more varied.

At weekends we like walking in Łazienki Park or Skaryszewski Park in Praga. In my opinion, Skaryszewski Park is the most beautiful park in the capital.

Vocabulary

apetyt *m*	appetite
bo *conj.*	because
czyj *pron.*	whose

dlaczego *pron.*	why
długopis *m*	pen
dokument *m*	document
doświadczony *adi.*	experienced
geniusz *m*	genius; great talent
głęboki *adi.*	deep
grzebień *m*	comb
jednak *coni.*	however
kabaret *m*	cabaret
kilogram *m*	kilogramme
komfort *m*	comfort
korkociąg *m*	corkscrew
kręgosłup *m*	spine
metr *m*	metre
miód *m*	honey
mord *m*	murder
naród *m*	nation
niż *coni.*	then
nóż *m*	knife
obowiązkowy *adi.*	obligatory
ochota *f*	will, fancy
odcinek *m*	section; episode
odczyt *m*	read-out, lecture
opanowany *adi.*	calm
ponieważ *coni.*	because
prezentacja *f*	presentation
problem *m*	problem
produkt *m*	product
reżyser *m*	director
rozkaz *m*	order
rozrywkowy *adi.*	entertaining
różnorodny *adi.*	varied
smutek *m*	sadness
stolica *f*	capital
stresujący *adi.*	stressful

szeroki *adi.*	wide
śrubokręt *m*	screwdriver
światopogląd *m*	world view
tenor *m*	tenor
tłum *m*	mob
trudny *adi.*	difficult
widelec *m*	fork
zapis *m*	record, entry
zdrowy *adi.*	healthy

Key structures expressing opinion:
Wyrażanie opinii

myślę, że… I think, that.....
Myślę, że Warszawa jest eklektyczna.

moim zdaniem… in my opinion....
Moim zdaniem Warszawa jest eklektyczna.

twoim zdaniem… in your opinion
Czy twoim zdaniem Warszawa jest eklektyczna?

jej zdaniem… in her opinion
Jej zdaniem Kraków jest ładniejszy od Warszawy.

jego zdaniem… in his opinion
Jego zdaniem Warszawa jest ładniejsza od Krakowa.

pani zdaniem… in your opinion
Dlaczego pani zdaniem Warszawa jest ładniejsza od Krakowa?

pana zdaniem… in your opinion
Dlaczego pana zdaniem Warszawa jest ładniejsza od Krakowa?

Grammar

▪ *The conjuctions* **bo** *and* **ponieważ**

If you want to get to know the reason for something, ask **dlaczego?** (*why?*), e.g.:
Dlaczego nie jesz sera?
When answering, use the conjunctions **ponieważ** or **bo** (more informal), e.g.:
Nie jem sera, **ponieważ** jest kaloryczny. – I don't eat cheese, because it's fattening.
Nie jem sera, **bo** jest kaloryczny. – I don't eat cheese, because it's fattening.

▪ *The comparatives and superlatives of adjectives*

– regular:
The comparative is formed by adding **–sz** to the basic form of the adjective, e.g.:
stary – starszy,
młody – młodszy,
zdrowy – zdrowszy,
tani – tańszy (ni : ń),
długi – dłuższy (g : ż),
miły – milszy (ł : l)
or – **iejsz-**, if the core of the adjective ends with **-n-**, e.g.:
sympatyczny – sympatyczniejszy,
ładny – ładniejszy,
przystojny – przystojniejszy;
– irregular:
dobry – lepszy,
duży – większy,
wysoki – wyższy,
szeroki – szerszy,
mały – mniejszy,
zły – gorszy,
głęboki – głębszy

The superlative is formed by adding the prefix **naj-** to the comparative form of the adjective, e.g.: **najlepszy**, **najwyższy**;

The comparative and superlative forms can also be built in a descriptive way:

- the comparative is formed by adding the adverb '**bardziej**' (the comparative of the adverb **bardzo**) to the adjective, e.g.: **bardziej interesujący**, **bardziej doświadczony**, **bardziej obowiązkowy**;
- the superlative is formed by adding the adverb '**najbardziej**' (the superlative of the adverb **bardzo**) to the adjective, e.g.: **najbardziej interesujący**, **najbardziej doświadczony**;
- the descriptive comparison is used for adjectives ending with **–ący**, **-any**, **-ony**, **-owy**, e.g.: **bardziej stresujący**, **bardziej opanowany**, **bardziej rozrywkowy**.

Exercises

EXERCISE 6. Choose the correct forms.

1. Wołga jest dłuższa/długsza niż Wisła.
2. Sycylia jest bardziej ładniejsza/ładniejsza od Grenlandii.
3. Moskwa jest większa/największa niż Warszawa.
4. Mleko jest tańsze / tańszy niż kawa.
5. Demokracja jest lepsza/bardziej dobra niż monarchia.
6. Kultura chińska jest starejsza/starsza od kultury europejskiej.

EXERCISE 7. Choose the correct adjectives.

piękniejsza, **brzydszy**, **popularniejszy**, **lepsza**, **ambitniejsza**, **inteligentniejszy**, **mniejsza**, **zdrowsze**, **większa**, **gorszy**

1. Czy Quasimodo jest .... niż Casanova?
2. Czy Lady Makbet jest .... niż kardynał Richelieu?
3. Czy Pele jest .... niż Maradona?
4. Czy jajko jest .... niż czekolada?
5. Czy Afrodyta jest .... niż Atena?

6. Czy Albert Einstein jest .... niż James Bond?
7. Czy Afryka jest .... niż Europa?
8. Czy La Scala jest .... niż Opera Narodowa w Warszawie?
9. Czy komunizm jest .... niż kapitalizm?
10. Czy kuchnia włoska jest .... niż kuchnia angielska?

EXERCISE 8. Give the basic forms of the adjectives below. Pay attention to the genders.

1. bardziej przygotowany: ....
2. inteligentniejsza: ....
3. bogatsze: ....
4. biedniejszy: ....
5. droższy: ....
6. tańsza: ....
7. najbardziej nerwowe: ....
8. bardziej profesjonalna: ....
9. ciekawsze: ....
10. najlepsza: ....

Grammar

■ *Adjectives in the comparative form + niż*

większy niż (+ nominative) – bigger than
większy niż: dom, szkoła, biuro

■ *Adjectives in the comparative form + od*

większy od (+ genitive) – bigger than
większy od: domu, szkoły, biura

Exercises

EXERCISE 9. Fill in the gaps with **niż** or **od**.

1. Piotr jest przystojniejszy .... Jakub.
2. Piotr jest przystojniejszy .... Jakuba.
3. Hiszpania jest większa .... Polski.
4. Hiszpania jest większa .... Polska.
5. Anna jest młodsza .... siostry.
6. Anna jest młodsza .... siostra.
7. Nil jest dłuższy .... Wisły.
8. Nil jest dłuższy .... Wisła.
9. Szafran jest droższy .... pieprzu.
10. Szafran jest droższy .... pieprz.

EXERCISE 10. Based on the blog, mark the true sentences with a '+' and the false ones with a '-'.

1. Kacper jest reporterem. ☐
2. Kacper uwielbia muzykę jazzową. ☐
3. Kacper bardzo nie lubi Pałacu Kultury. ☐
4. Kacper bardzo nie lubi Bułhakowa. ☐
5. Kacper nie lubi literatury. ☐
6. Magda cieszy się, że Kacper lubi jazz. ☐
7. Magdalena i Kacper lubią Kraków. ☐
8. Magda myśli, że Park Skaryszewski jest na Pradze. ☐
9. Kacper myśli, że Park Skaryszewski to najwspanialszy park w stolicy. ☐
10. Kacper myśli, że stolica jest ciekawsza od Krakowa. ☐

Dialogues and vocabulary

Blog reportera cz. 3

Reporter's blog part 3

Dwa dni temu byłem świadkiem następującej rozmowy telefonicznej:

Two days ago, I overheard the following phone conversation:

– Halo? Kto mówi? Halo!!! Nie słyszę! Kto mówi?

– Hello? Who is it? Hello!! I can't hear you. Who is it?

– ....

– A, to pan. Witam. Co słychać?

– Ah, it's you. Hello. How are you?

– ....

– Nie wiem, kto to może wiedzieć. A dlaczego pan pyta?

– I don't know, who can know that. And why are you asking?

– ....

– Kogo interesuje ten problem? Pana Piotra Nowaka? Dlaczego?

– Who's interested in this problem? Mr Piotr Nowak? Why?

– ....

– Czego nie ma w tym dokumencie? Daty? Podpisu?

– What's missing in this document? The date? A signature?

– ....

– Nie wiem, do kogo może pan zadzwonić w tej sprawie. Może do pani Alicji albo do pana Roberta?

– I don't know who you can call about this matter. Miss Alicja or Mr Robert maybe?

– ....

– Z kim chciałby pan rozmawiać? Z dyrektorem?

– Who would you like to speak to? To the director?

– ....

– .... Niestety, nie słyszę pana! Proszę powtórzyć! O czym chce pan rozmawiać z dyrektorem?

– .... Unfortunately, I can't hear you! Repeat that please! What do you want to talk about with the director?

– ....

– Rozumiem. Dobrze. Przekażę. Dziękuję za rozmowę.
– I understand. All right. I will pass it on. Thank you for the conversation.

Vocabulary

data *f*	date
następujący *adi.*	following
podpis *m*	signature
przekazać *v perf.*	to pass something on
przekazać informację	to pass on the information
rozmowa *f* **telefoniczna**	phone conversation
sprawa *f* (***w tej sprawie***)	matter (*in this matter*)
świadek *m*	witness
zadzwonić *v perf.*	to make a phone call

Grammar

In Polish, the different cases are used to answer different questions. See the table:

nominative	genitive	accusative	instrumental	locative
kto? co? (to jest) *who?* *what?* *(is it?)*	kogo? czego? (nie ma) *of whom?* *of what?* *whose? (is it)*	kogo? co? (widzę) *whom?* *what?* *(do I see)*	(z) kim? (z) czym? *with* *whom?* *with what?*	(o) kim? (o) czym? *about* *whom?* *about what?*
To jest aktorka. **To jest aktor.**	**Nie ma aktorki.** **Nie ma aktora.**	**Widzę aktorkę.** **Widzę aktora.**	**Idę z aktorką.** **Idę z aktorem.**	**Myślę o aktorce.** **Myślę o aktorze.**

In each set, the first question refers to a person, e.g.:
Kto słucha jazzu? – Magda i Kacper słuchają jazzu.
whereas the second refers to things, animals and abstract concepts, e.g.:
Czego słuchają Magda i Kacper? – Oni słuchają jazzu.
Co oni lubią? – Oni lubią jazz.

Exercises

EXERCISE 11. Choose the correct forms.

1. Kogo/kim jesteś?
2. Kim/o kim jest Agnieszka Radwańska?
3. Kogo/kto lubisz?
4. Czego/co nie jesz na śniadanie?
5. Co/czego nie lubisz?
6. Co/czym jest w Warszawie?
7. Czego/co nie ma w USA?
8. Co/czego to jest?
9. Kim/kto pracuje w twojej firmie?
10. Z kim/o kim podróżujesz w wakacje?
11. O czym/czego myślisz?
12. Czym/co jedziesz do pracy?

EXERCISE 12. Ask about the underlined words using the correct interrogative pronouns.

Example: Magda nie lubi Warszawy. Czego nie lubi Magda?

1. Kacper uwielbia Warszawę.
2. Kacper ma żonę.
3. Magda jest nauczycielką.
4. Kacper nie rozumie Dostojewskiego.
5. Kacper rozumie i uwielbia Bułhakowa.
6. Magda i Kacper lubią jazz.
7. Magda i Kacper lubią jazz.
8. Żona Kacpra lubi pić piwo z sokiem malinowym.
9. Kacper nie lubi piwa.
10. Kacper lubi obserwować ludzi.
11. Kacper lubi oglądać miasto.
12. Magda nie lubi obserwować ludzi.

Lesson 9

Gdzie nas jeszcze nie było?
Where haven't we been yet?

Dialogues and vocabulary

Dialogue 1

Edyta: Dokąd jedziesz na urlop?
Where are you going on holiday?

Piotr: Jadę na wieś.
I'm going to the countryside.

Edyta: Na wieś? Na długo?
To the countryside? For long?

Piotr: Na dwa tygodnie.
For two weeks.

Edyta: I co tam będziesz robić przez dwa tygodnie?
And what will you be doing there for two weeks?

Piotr: Będę chodzić do lasu, będę zbierać jagody i robić dżemy... Mam nadzieję, że będą też grzyby.
I'll go to the forest, pick blackberries, make jam… I hope there'll be mushrooms as well.

Edyta: I nie będziesz się nudzić?
And you won't be bored?

Piotr: Ani trochę. Będę odpoczywać od miasta. Nie będę oglądać telewizji, nie będę czytać gazet; za to będę wcześnie chodzić spać i wcześnie wstawać...

Not at all. I'll have a rest from the city. I won't watch television, I won't read newspapers, instead I'll go to bed early and get up early...

Edyta: Będziesz wcześnie wstawać? Na urlopie? Po co?
You will get up early? On holiday? What for?

Piotr: Codziennie rano będę jeździć konno.
Every morning I'll go horse riding.

Edyta: To już brzmi lepiej...
That sounds better...

■ *Dialogue 2*

Mama: A więc jedziesz do Sopotu...
So you're going to Sopot...

Córka: Tak. Chcę zobaczyć Sopot; podobno jest piękny.
Yes. I want to see Sopot, they say it's beautiful.

Mama: Na jak długo tam jedziesz?
For how long are you going there?

Córka: Na trzy dni.
For three days.

Mama: I znów jedziesz sama?
Are you going alone again?

Córka: Nie, mamo, nie jadę sama.
No mum, I'm not going alone.

Mama: A z kim, jeśli mogę zapytać?
With whom, if I may ask?

Córka: Z przyjaciółmi.
With friends.

Mama: Czym jedziecie?
How are you going there?

Córka: Pociągiem.
By train.

Mama: A wiesz, że prognoza pogody nie jest najlepsza...
You know that the weather forecast is not too good....

Córka: To nieważne, jaka będzie pogoda, mamo.
It is not important what the weather is going to be like, mum.

Mama: Jak to nieważne? Jeśli będzie ładna pogoda, będziecie chodzić na plażę. Ale co będziecie robić, jeśli będzie zimno?
What do you mean, it's not important? If the weather's good, you'll go to the beach. But what are you going to do if it's cold?

Córka: Jeśli będzie zimno, będziemy w kurtkach spacerować brzegiem morza.
If it's cold, we'll be walking in jackets along the seashore.

Mama: Bardzo romantyczne! A jeśli będzie padać deszcz i wiać wiatr?
Very romantic! And if it rains and it's windy?

Córka: Jeśli będzie padać i wiać, będziemy patrzeć przez okno na morskie fale.
If it rains and it's windy, we'll watch the waves through the window.

Mama: Gdzie będziecie nocować? W hotelu czy w pensjonacie?
Where are you staying? In a hotel or in a guest house?

Córka: W hotelu Grand.
In the Grand Hotel.

Mama: No cóż, kochanie... jedź! Życzę ci szczęśliwej podróży!
Well, dear... go! I wish you a safe trip!

Vocabulary

brzeg *m* **morza**	seashore
brzmieć *v imperf.* (***To lepiej brzmi.***)	to sound (*That sounds better.*)
ciepło *adv.*	warm
cóż *part.* (***No cóż...***)	well... (oh well...)
czym *pron.* (***Czym jedziesz?***)	what (*How are you going?*)
długo *adv.* (***Na jak długo?***)	long (*For how long?*)
dżem *m*	jam
fala *f*	wave
grzyb *m*	mushroom
hotel *m*	hotel
jagoda *f*	blackberry

jeśli / jeżeli *conj.* (***jeśli mogę zapytać?***)	if (if I may ask?)
kochanie *inter.*	dear
jeździć konno	to ride a horse
kurtka *f*	jacket
las *m*	forest
morski *adj.*	sea
nieważny *adj.* (*To nieważne.*)	unimportant (*It is not important.*)
nocować *v imperf.*	to stay over
nudzić się *v imperf.*	to be bored
odpoczywać *v imperf.*	to rest
okno *n*	window
padać *v imperf.* (***pada deszcz***)	to rain (*It's raining.*)
patrzeć *v imperf.*	to look
pensjonat *m*	guest house
plaża *f*	beach
pociąg *m*	train
podobno *part.*	supposedly, they say that…
podróż *f*	journey, trip
prognoza *f* **pogody**	weather forecast
przez *praep.* (***przez okno***)	through (*through a window*)
romantyczny *adj.*	romantic
szczęśliwy *adj.* (***Szczęśliwej podróży!***)	happy (*Have a safe trip!*)
wcześnie *adv.*	early
wcześnie wstawać	to get up early
wiać *v imperf.* (***wieje wiatr***)	to blow (*wind blows*)
wiatr *m*	wind
wieś *f*	countryside
zbierać *v imperf.* (***zbierać jagody***)	to pick, collect (*to pick blackberries*)
zobaczyć *v perf.* (***Chcę zobaczyć Sopot.***)	to see (*I want to see Sopot.*)
zimno *adv.*	cold
życzyć *v imperf.*	to wish

Grammar

Key structures

Będę odpoczywać.
Nie będę czytać gazet.
Co będziesz robić?
Nieważne, jaka będzie pogoda.
Będziemy spacerować.
Gdzie będziecie nocować?
Mam nadzieję, że będą grzyby.

Future forms of the auxiliary verb **być**

(ja)	**będę**	(my)	**będziemy**
(ty)	**będziesz**	(wy)	**będziecie**
(on/ona/ono)	**będzie**	(oni, one)	**będą**

Future imperfect tense

When talking about the future, we can focus either on the result to be achieved from an activity or on the activity itself. This dual aspect of any verb can be communicated by using either the perfect or the imperfect form. The key structures above present the future imperfect tense, also known as the 'complex', because it consists of two elements: the personal future form of the auxiliary verb **być** and an infinitive.

będę – będziesz – będzie – będziemy – będziecie – będą + infinitive

Note that this combination can only be used with imperfect verbs and with verbs that suggest ongoing activities, such as **chodzić** and **jeździć**.

Jeśli..., to... / If..., then...*

Co będziecie robić, jeśli będzie zimno?
Jeśli będzie zimno, (to) będziemy spacerować brzegiem morza.

There are situations when our plans depend on certain circumstances, e.g. on the weather. To build a conditional sentence, we use the conjunction **jeśli/jeżeli**.

Jeśli	będzie świecić słońce	będziemy chodzić na plażę.
	będzie padać	będziemy patrzeć przez okno.

The future imperfect tense is used in both parts of the sentence.

Jeśli + future imperfect form + future imperfect form

* We can skip this element of the structure.

Exercises

EXERCISE 1. Build questions from the words given below.

1. jedziesz – urlop – na – dokąd
2. długo – jak – na – jedziesz
3. kim – jedziesz – z
4. jedziesz – czym
5. nocować – będziesz – gdzie
6. dlaczego – wstawać – wcześnie – będziesz
7. robić – co – będziesz – tygodnie – dwa – przez
8. dlaczego – telewizji – będziesz – oglądać – nie

EXERCISE 2. Change the sentences 1, 2, 4 and 8 from the Exercise 1 into the polite form with "państwo".

EXERCISE 3. Describe your holiday plans using the conjunction **jeśli**. Build conditional sentences using the words below.

1. padać – chodzić do kawiarni
2. zimno – jeździć konno
3. ciepło- pływać
4. ładna pogoda – chodzić na plażę

Dialogues and vocabulary

Dialogue 3

Maciej: Nie możemy jechać pociągiem.
We can't go by train.
Marta: Dlaczego?
Why?
Maciej: Prawdopodobnie będzie strajk na kolei. Może pojedziemy autobusem?
Most probably, there'll be a strike on the railways. How about going by coach?
Marta: Jeśli kolej będzie strajkować, to pojedziemy moim samochodem.
If the railways goes on strike, we'll take my car.

Dialogue 4

Marta: I jak poranny spacer?
And how was your morning walk?
Maciej: Piękny! Pogoda jest cudowna. Jest ciepło, świeci słońce, wieje lekki wiatr od morza.
Beautiful! The weather's wonderful. It's warm, the sun's shining, there's a gentle sea breeze.
Marta: Jeśli i jutro będzie świecić słońce, to może pójdziemy na plażę?
How about going to the beach if it shines tomorrow as well?
Maciej: Jeśli chcesz się opalać, możemy pójść jutro na plażę. A teraz idziemy na śniadanie i jedziemy na wycieczkę do Gdańska.

If you want to sunbathe, we can go to the beach tomorrow. And now we're going for breakfast and then on a trip to Gdańsk.

Marta: Będę gotowa za pięć minut.
I'll be ready in 5 minutes.

Maciej: Zobacz, w Hiszpanii jest dziś 38 stopni.
Look, it's 38 degrees today in Spain.

Marta: Bardzo gorąco!
Very hot!

Maciej: A w Rosji jest chłodno, tylko 17 stopni.
And it is cool in Russia, only 17 degrees.

Marta: A w Krakowie?
And in Cracow?

Maciej: *A w Krakowie na Brackiej pada deszcz...*
And in Cracow it's raining in Bracka ...

Dialogue 5

Karol: Kiedy pani jedzie na urlop?
When are you going on holiday?

Edyta: Nie jestem pewna, czy w tym roku pojadę na urlop.
I'm not sure if I'll go on holiday this year.

Karol: Dlaczego?
Why?

Edyta: Remontuję mieszkanie; mam duże wydatki... Być może tylko dzieci pojadą na wakacje…
I'm refurbishing my flat; I have huge expenses.... Maybe only the children will go on holiday....

Vocabulary

chłodno *adv.* — cool, chilly
cudowny *adi.* — wonderful
gorąco *adv.* — hot

kolej *f* (***na kolei***)	railway (*on the railways*)
morze *n*	sea
może (***Być może.***)	maybe (*May be.*)
opalać się *v imperf.*	to sunbathe
pewny *adi.* (***Nie jestem*** pewna/pewny.)	sure (*I am not sure.*)
pomysł *m* (***Świetny pomysł!***)	idea (*Great idea!*)
prawdopodobnie *adv.*	probably, most likely
remontować *v imperf.*	to refurbish
stopień *m* (***jeden stopień Celsjusza***)	degree (*one degree Celcius*)
strajk *m*	strike
strajkować *v imperf.*	to go on strike
świecić *v imperf.* (***świeci słońce***)	to shine (*the sun is shining*)
wakacje *pl*	holiday
wycieczka *f*	trip
wydatek *m*	expense

Grammar

Key structures

Pojedziemy moim samochodem.
Pójdziemy na plażę.

Future tense forms of the verb **pojechać** (*to go/drive*)

(ja)	pojadę	(my)	pojedziemy
(ty)	pojedziesz	(wy)	pojedziecie
(on/ona/ono)	pojedzie	(oni/one)	pojadą

Future tense forms of the verb **pójść** (*to go/walk*)

(ja)	pójdę	(my)	pójdziemy
(ty)	pójdziesz	(wy)	pójdziecie
(on/ona/ono)	pójdzie	(oni/one)	pójdą

■ *Future perfect tense*

Pojechać and **pójść** are the future perfect forms of the verbs **jechać** and **iść.** The forms of the future perfect tense consist of only one word (they cannot be combined with the future forms of the auxiliary verb **być**). The future perfect tense (also called the "simple" – consisting of only one word) is used when talking about a specific plan, single activity, focused on a result. **Pojedziemy samochodem** (do Sopotu), **Pójdziemy na plażę** (jutro).

Forms of future perfect are used in conditional sentences with the conjunction *jeśli*:

Jeśli	będzie ładna pogoda będzie strajk	pójdziemy na plażę. pojedziemy samochodem.

Jeśli + future imperfect + future perfect

■ *Verbs:* ***jechać* – *pojechać; iść* – *pójść***

We already know that the present forms of the verb **jechać** can also be used when talking about the future. This function is very often used when the speaker considers a given plan certain to happen, e.g.:

Jadę na wieś.

A więc jedziesz do Sopotu...

If a plan is hypothetical or uncertain, if it is just an offer or a suggestion or if it relates to the distant future, the future perfect tense is used, e.g.:

Nie jestem pewna, czy pojadę na urlop.

Być może tylko dzieci pojadą na wakacje.
Może pójdziemy na plażę?

Exercises

EXERCISE 4. Insert the correct forms of the verb **pójść**.

1. Czy (ty) .... jutro na plażę?
2. Czy (wy) .... po południu na spacer?
3. Kiedy (my) .... na śniadanie?
4. Nie (ja) .... dziś na plażę.
5. Ania i Marek .... wieczorem do dyskoteki.
6. Czy pani .... rano na basen?

EXERCISE 5. Insert the correct forms of the verb **pojechać**.

1. Może (my) .... na wycieczkę?
2. W tym roku (ja) nie .... na urlop.
3. Nie wiem, czy oni .... do Wilanowa.
4. Czy (ty) .... na lotnisko taksówką, czy autobusem?
5. Czy pan .... teraz do biura, czy do hotelu?
6. Kiedy (wy) .... do hipermarketu?

EXERCISE 6. Choose the correct verb: **pójść** (a) or **pojechać** (b).

1. Wieczorem chcemy .... do kina.
2. Jutro chcę .... na wycieczkę do Torunia.
3. Możesz .... taksówką.
4. Możemy .... na piechotę.
5. Nie możemy dzisiaj .... na spacer.
6. Musimy .... tramwajem.

EXERCISE 7. Choose the correct future form: **będę chodzić** (a), **pójdę** (b), **będę jeździć** (c), **pojadę** (d).

1. Codziennie .... na spacery.
2. Jutro .... do parku.
3. Codziennie wieczorem .... do restauracji.
4. Dziś wieczorem .... do pubu.
5. W wakacje........ motorem.
6. Jutro .... do Warszawy pociągiem.

Dialogues and vocabulary

Dialogue 6

Piotr: Jestem już pół roku w Polsce, ale jeszcze nie znam kraju. Wiem, że są tu góry, są jeziora, jest morze. Wiem, że są ładne miejsca, które warto zobaczyć i ciekawe miasta, które warto zwiedzić; tymczasem ja dobrze znam tylko swoje biuro.

I've been in Poland for half a year but I don't know the country yet. I know there are mountains, lakes and the sea. I know there are beautiful places worth seeing and interesting cities worth visiting. However, all I know well is my own office.

Ola: Jak to możliwe?

How's that possible?

Piotr: No wiesz... Cały czas pracuję...

You know... I work all the time....

Ola: Masz szansę to zmienić. Zbliża się długi weekend; koniecznie musisz gdzieś wyjechać!

You have a chance to change it. A long weekend's coming; you absolutely have to go somewhere!

Piotr: Ale gdzie?

But where?

Ola: To zależy. Jeśli lubisz zwiedzać miasta, możesz pojechać do Krakowa albo do Gdańska; do Poznania albo do Wrocławia. Jeżeli lubisz

góry, możesz pojechać do Zakopanego. Jeśli lubisz odpoczywać tam, gdzie są jeziora i lasy, możesz pojechać na Mazury.
It depends. If you like visiting cities you can go to Cracow, Gdańsk, Poznań or Wrocław. If you like mountains you can go to Zakopane. If you like relaxing by the lakes and forests, you can go to Masuria.

Piotr: Trudna decyzja... Może najpierw pojadę do Krakowa?...
A tough decision.... Perhaps I'll go to Cracow first?...

Ola: Świetnie! Ale musisz jak najszybciej zarezerwować hotel.
Great! But you need to book a hotel as soon as possible.

Dla każdego coś miłego.
Something nice for everyone.

W Polsce lubimy długie weekendy! Długi weekend trwa zwykle 3-4 dni, czasem nawet 9 dni! I dlatego, że jest naprawdę długi, warto gdzieś wyjechać. Można pojechać na przykład na działkę. Można zaprosić przyjaciół i można przez trzy dni organizować grilla. Można wrócić do domu wypoczętym lub... bardzo zmęczonym. Na szczęście można też pojechać w góry – w Tatry albo w Sudety. Można pojechać nad jezioro na Mazury albo nad morze. Wyjazd warto dobrze zaplanować. Koniecznie trzeba zarezerwować nocleg dużo wcześniej; nie tylko my wpadliśmy na pomysł, żeby gdzieś pojechać.
We like long weekends in Poland. A long weekend usually lasts 3-4 days, sometimes even 9! And because it is really long, it is worth going somewhere. You can go, for example, to your summer house. You can invite friends and spend three days having barbecues. You can go home very rested or..... very tired. Fortunately, you can also go to the mountains – the Tatras or the Sudetes. You can go to the lake in Masuria or to the seaside. It is worth plannig the trip well. It is necessary to book accommodation long in advance; it is not only us that came up with the idea to go somewhere.

Vocabulary

ciekawy *adi.*	interesting
działka *f*	summer house
jezioro *n*	lake

koniecznie *adv.*	necessarily
Mazury *pl*	Masuria
można	one can
Sudety *pl*	Sudetes
swoje *pron.* (***Znam swoje biuro.***)	my/his/her (*I know my office.*)
szansa *f* ***(masz szansę)***	opportunity, chance *(you have a chance)*
szczęście *n* (***na szczęście***)	luck (fortunately)
szybko *adv.* (***jak najszybciej***)	quickly (*as soon as possible*)
Tatry *pl*	Tatras
trwać *v imperf.*	to last
trzeba	it is necessary
warto	it is worth
wpaść *v perf.* (***wpaść na pomysł***)	to come up with (*to come up with an idea*)
wrócić *v perf.*	to come back
wyjazd *m*	trip
wyjechać *v perf.*	to go away
wypoczęty *adi.*	rested
zależeć *v imperf.* (***To zależy.***)	to depend (*It depends.*)
zaplanować *v perf.*	to plan
zmęczony *adi.*	tired
zmienić *v perf.*	to change
znać *v imperf.*	to know
zwiedzać *v imperf.*	to visit

Remember:

Jechać / pojechać **w góry**	być **w górach**, chodzić **po górach**
nad morze	**nad morzem**
nad jezioro	**nad jeziorem**

Grammar

Structure: ***Jeżeli lubisz...*** */ If you like...*

There is another way of using jeżeli/jeśli; this time with a present tense verb form and a present modal verb combined with a future perfect infinitive.

Jeżeli/Jeśli	lubisz góry chcesz się opalać	możesz pojechać do Zakopanego. możemy pójść na plażę.
Jeżeli/Jeśli	modal verb in present tense (+ infinitive)	modal verb in present tense + infinitive.

Structures: ***można/trzeba*** *+ infinitive*

PERSONAL FORM	IMPERSONAL FORM
<u>Możesz</u> pojechać do Zakopanego. You can go to Zakopane. **<u>Możecie</u> pojechać nad morze.** You can go to the seaside.	**<u>Można</u> pojechać w góry albo nad morze.** One can go to the mountains or to the seaside.
<u>Musisz</u> zarezerwować hotel. You have to book a hotel. **My też <u>musimy</u> zarezerwować hotel.** We also have to book a hotel.	**<u>Trzeba</u> zarezerwować nocleg dużo wcześniej.** One should book accommodation long in advance.

Giving advice and making recommendations

When making recommendations to someone or advising them, we use the personal form:

<u>Nie możesz</u> ciągle pracować. – You can't work all the time.

Koniecznie <u>musisz</u> odpocząć. – You definitely have to rest.

Structure: ***warto*** + *infinitive*

Recommendations can also be general statements. In such cases we use the impersonal form **warto**:

Warto pojechać do Puszczy Białowieskiej, bo można tam zobaczyć żubry.

It's worth going to the Białowieska Forest, as you can see bison there.

Warto pojechać do Wrocławia. **Warto zwiedzić** Muzeum Narodowe. **Warto zobaczyć** ZOO.

warto + infinitive

Verbs: ***pojechać*** *and* ***wyjechać***

Koniecznie musisz (gdzieś) wyjechać.

Możesz pojechać do Kazimierza.

Wyjechać means to leave (even for a short period of time) a place where we normally stay. It does not require any information to be given about the destination. When using the verb **pojechać** such information is required.

Verbs: ***znać*** *and* ***wiedzieć***

Nie znam kraju.

Wiem, że są tu góry i jeziora.

Wiem *(I know)* means that I have information about someone or something.

Wiem, że Pele jest Brazylijczykiem.

I know that Pele is Brasilian.

Znam kogoś (*I know someone*) means that I know someone personally or by sight or sound, either in real life or through the media.

Znasz Ewę? – Dobrze znam Ewę; to moja przyjaciółka.
Do you know Ewa? – I know Ewa well, she is my friend.
Zna pan tego aktora? – Tak; znam go z serialu.
Do you know this actor? – Yes; I know him from a TV series.

Znam coś (*I know something*) means that I know something from experience, because I have seen it, read about it or experienced it in some other way.
Znam to dziwne uczucie.
I know this strange feeling.
Znam Paryż; mieszkam tu 10 lat.
I know Paris; I have lived here for 10 years.
Wiem, że jest już nowa płyta Stinga, ale nie znam jej jeszcze.
I know that there is already a new album by Sting, but I don't know it yet.

Exercises

EXERCISE 8. Change the questions given below into their impersonal equivalents.

1. Czy mogę zarezerwować bilet przez internet?
2. Gdzie tu mogę zjeść obiad?
3. Czy muszę znać NIP?
4. Czy mogę zapłacić kartą Visa?
5. Czy muszę zarezerwować hotel wcześniej?

EXERCISE 9. Give advice to a friend. Join the elements to make conditional sentences using the structure: ***Jeśli chcesz / nie chcesz..., musisz...***

1. chodzić po górach – mieć dobre buty
2. spać na plaży – zarezerwować nocleg
3. nudzić się – zorganizować sobie czas
4. mieć ciekawy urlop – dobrze go zaplanować

EXERCISE 10. Choose the correct word.

1. Czy a/wiesz b/znasz Warszawę?
2. Czy pani a/wie b/zna gdzie jest Arkadia?

3. Czy a/wiecie b/znacie tę płytę?
4. Czy a/wiesz b/ znasz pub „Lolek”?
5. Czy państwo a/wiedzą b/znają muzykę Chopina?
6. Czy oni a/wiedzą b/znają, że to jest bardzo drogie?
7. a/Wiem b/ Znam Konstytucję.
8. Czy a/wiesz b/znasz, jaka będzie jutro pogoda?

EXERCISE 11. Choose and insert the right word: **warto**, **można**, **trzeba**.

1. Czy to miasto jest interesujące? Czy .... tam pojechać?
2. Myślisz, że .... przyjąć to stanowisko? Ma ono plusy i minusy ....
3. Jest już późno; .... szukać hotelu.
4. Nie .... inwestować w ten projekt; jest ryzykowny.
5. .... to zrobić dziś albo jutro.
6. Nie .... tego akceptować!

Text and vocabulary

Kiedy i dokąd na urlop?
When and where to go on holiday?

Jeśli chcesz jechać nad Bałtyk, wybierz lipiec lub sierpień. W lipcu i w sierpniu można się opalać, a nawet kąpać, bo wtedy woda w Bałtyku nie jest bardzo zimna.
If you want to see the Baltic, choose July or August. In July and August one can sunbathe, and even swim, because the water in the Baltic is not very cold at this time.
W sierpniu natomiast lepiej nie wybierać się w Tatry. Jest tam wtedy za dużo ludzi! W górach najpiękniejszy jest wrzesień i październik. Jeśli masz zamiar chodzić po górach, to najlepiej we wrześniu albo w październiku; wtedy jest zwykle ciepło i kolorowo.
In August it is better not to go to the Tatras. There are too many people there than! In the mountains, September and October are the most beautiful

months. If you intend to walk in the mountains, September and October is the best choice. It is usually warm and colourful.

Styczeń i luty to miesiące, kiedy w Polsce pada najwięcej śniegu, więc jeśli chcesz jechać na narty, to najlepiej właśnie w styczniu albo w lutym. Grudzień czy marzec są zbyt ryzykowne – w grudniu może jeszcze nie być śniegu, w marcu może już nie być śniegu.

January and February are the months when it snows the most in Poland, so if you want to go skiing, January and February are the best. December and March are too risky – there may still be no snow in December and there may already be no snow in March.

Kwiecień to miesiąc kiedy kwitną kwiaty, a to znaczy, że wszędzie jest już ciepło i świeci słońce. Jeśli pojedziesz na urlop w góry w kwietniu, to wrócisz z piękną opalenizną; wszyscy ci będą jej zazdrościć! Maj to prawdopodobnie najpiękniejszy miesiąc w roku... Może właśnie w maju warto wybrać się na romantyczną wycieczkę do Kazimierza nad Wisłą lub do Sandomierza?

April is the month when flowers blossom, which means that it is already warm and sunny everywhere. If you go on holiday in the mountains in April, you will come back with a beautiful suntan. Everyone will envy you! May is probably the most beautiful month of the year... Maybe it is worth going on a romantic trip to Kazimierz nad Wisłą or Sandomierz specifically in May?

A jak przetrwać w Polsce smutny i chłodny zwykle listopad? I na to jest sposób: zawsze można zorganizować wyprawę szlakiem dobrych restauracji... Przy smacznym jedzeniu i przy grzanym winie w dobrym towarzystwie świat będzie piękny, ciepły i miły nawet w listopadzie.

And how to survive in Poland in the usually sad and chilly November? There is a way to do that as well: you can always organize an excursion around some good restaurants... Over a tasty meal, with mulled wine and good company, the world will be beautiful, warm and friendly, even in November.

Vocabulary

grzane wino	mulled wine
kąpać się *v imperf.*	here: to swim
ryzykowny *adi.*	risky

smutny *adi.*	sad
szlak *m*	trail, track
towarzystwo *n (**w dobrym towarzystwie**)*	company (*with good company*)
wybierać się *v imperf.*	to go somewhere
wybrać się *v perf.*	to go somewhere
wybrać *v perf.* (*Wybierz..*)	to choose (Choose…)
wyprawa *f*	excursion
zamiar *m*	intention
zazdrościć *v imperf.*	to envy
zbyt *adv.*	too

Grammar

Months

If, when answering the question **Kiedy?**, we name a month (without giving a specific date), the locative form is used. However, when a date is given, the genitive form is used (see Lesson 12).

Miesiąc	Month
styczeń	January
luty	February
marzec	March
kwiecień	April
maj	May
czerwiec	June
lipiec	July
sierpień	August
wrzesień	September
październik	October
listopad	November
grudzień	December

Kiedy?	When?
W którym miesiącu?	In which month?
w styczniu	in January
w lutym	in February
w marcu	in March
w kwietniu	in April
w maju	in May
w czerwcu	in June
w lipcu	in July
w sierpniu	in August
we wrześniu	in September
w październiku	in October
w listopadzie	in November
w grudniu	in December

Exercises

EXERCISE 12. Choose and insert the correct form of the month in the locative.

1. Na narty w Alpy można pojechać nawet w .... (maj) i w .... (czerwiec).
2. Egipt przyjemnie jest zwiedzać jesienią – we .... (wrzesień), albo w .... (październik).
3. W Europie najzimniej jest w .... (luty).
4. W .... (listopad) i w .... (grudzień) dni są krótkie i chłodne, w .... (styczeń) zimne, ale dłuższe.
5. W .... (lipiec) i w .... (sierpień) chętnie spędzamy urlop nad morzem.
6. W .... (marzec) i w .... (kwiecień) można się ładnie opalić w górach.

Lesson 10

Życiorys
Curriculum Vitae

Text and vocabulary

Fryderyk Chopin był najwybitniejszym polskim kompozytorem i pianistą. Urodził się 1 marca 1810 roku w Żelazowej Woli. Jego ojciec, Mikołaj Chopin, był Francuzem. Pracował jako nauczyciel języka i literatury francuskiej. Matka Fryderyka, Justyna Krzyżanowska, grała na fortepianie i śpiewała. Była pierwszą nauczycielką muzyki małego Fryderyka.

Fryderyk Chopin was the greatest Polish composer and pianist. He was born on 1 March 1810 in Żelazowa Wola. His father, Mikołaj Chopin, was French. He worked as a French language and French literature teacher. Fryderyk's mother, Justyna Krzyżanowska, played the piano and sang. She was the first music teacher of young Fryderyk.

W 1826 roku Fryderyk Chopin rozpoczął studia w warszawskiej Szkole Głównej Muzyki. W tym czasie dużo podróżował. Był w Berlinie, w Dreźnie i w Pradze. W 1829 roku ukończył studia i zamieszkał w Paryżu.

In 1826, Fryderyk Chopin began his studies at the University of Music in Warsaw. He travelled a lot during that time. He went to Berlin, Dresden and Prague. In 1829, he graduated and settled in Paris.

W Paryżu Chopin komponował utwory, dawał koncerty. W 1836 roku poznał pisarkę George Sand. Razem zwiedzili Majorkę, Marsylię, Genuę. Każde lato Fryderyk spędzał w rodzinnym domu pisarki w Nohant.

In Paris, Chopin composed and gave concerts. In 1836, he met the writer George Sand. Together they visited Majorca, Marseille and Genoa. Fryderyk spent every summer at the writer's family home in Nohant.

Chopin szczególnie interesował się polską muzyką ludową. Napisał 57 mazurków, 16 polonezów, 19 walców i wiele innych utworów.

Chopin was particularly interested in Polish folk music. He wrote 57 mazurkas, 16 polonaises, 19 waltzes and many other pieces.

W ostatnim okresie życia kompozytor ciężko chorował. Gruźlica, na którą cierpiał od lat bardzo szybko postępowała. 17 października 1849 roku Fryderyk Chopin zmarł.

The composer was seriously ill in his late years. Tuberculosis, from which he had suffered for years, progressed very quickly. Fryderyk Chopin died on 17 October 1849.

Od 1927 roku odbywa się w Polsce Międzynarodowy Konkurs Pianistyczny imienia Fryderyka Chopina.

The International Fryderyk Chopin Piano Competition has taken place in Poland since 1927.

Vocabulary

chorować *v imperf.*	to be ill
ciężko adv.	seriously
cierpieć na *v imperf.*	to suffer from
grać *v imperf.*	to play
gruźlica *f*	tuberculosis
komponować *v imperf.*	to compose
kompozytor *m*	composer
konkurs *m*	competition
mazurek *m*	mazurka
muzyka *f* **ludowa**	folk music
najwybitniejszy *adi.*	the greatest, the most outstanding
odbywać się *v imperf.*	to take place
pianista *m*	pianist
pisarka *f*	writer [female]
pisarz *m*	writer [male]
polonez *m*	polonaise
postępować *v imperf.*	to progress
rozpocząć studia	to begin one's studies

spędzać *v imperf* (***spędzać lato***)	to spend (*to spend summer*)
szczególnie *adv.*	particularly
ukończyć studia	to graduate
umrzeć *v perf.*	to die
urodzić się *v perf.*	to be born
walc *m*	waltz
zamieszkać *v perf.*	to settle

Questions and answers:
Kiedy urodził się Fryderyk Chopin?
When was Fryderyk Chopin born?

Fryderyk Chopin urodził się w 1810 roku.
Fryderyk Chopin was born in 1810.

Kiedy rozpoczął studia?
When did he begin his studies?

Rozpoczął studia w 1826 roku.
He began his studies in 1826.

Kiedy ukończył studia?
When did he graduate?

Ukończył studia w 1829 roku.
He graduated in 1829.

Kiedy zmarł Fryderyk Chopin?
When did Fryderyk Chopin die?

Fryderyk Chopin zmarł w 1849 roku.
Fryderyk Chopin died in 1849.

W 1836 roku poznał pisarkę George Sand.
In 1836 he met writer George Sand.

Razem zwiedzili Majorkę, Marsylię, Genuę.
Together they visited Majorca, Marseille, Genoa.

Grammar

Ordinal numerals

Ordinal numerals inflect like adjectives. They can be used in all three genders: masculine, feminine and neuter, e.g.: **pierwszy, pierwsza, pierwsze.** The gender, number and case of an adjective depend on the gender, number and case of the noun it describes.

In sequences expressing ordinal numerals only the last two digits are inflected. The other parts are fixed, e.g.:
1826 rok – tysiąc osiemset dwudziesty szósty rok
2007 rok – dwa tysiące siódmy rok

When used with the preposition **w**, nouns and ordinal numerals are inflected in the locative.

Fryderyk Chopin urodził się w 1810 roku.
(w tysiąc osiemset dziesiątym roku).

W 1826 roku Chopin rozpoczął studia.
(w tysiąc osiemset dwudziestym szóstym roku).

W 1829 roku ukończył studia.
(w tysiąc osiemset dwudziestym dziewiątym roku).

Exercises

EXERCISE 1. Ask questions about the underlined parts of the sentences below.

Example:
Kiedy urodził się Fryderyk Chopin?
Fryderyk Chopin urodził się w <u>1810 roku.</u>

1. ______________________________?
   Jego ojciec był Francuzem.
2. ______________________________?
   Matka Chopina była pierwszą nauczycielką muzyki małego Fryderyka.
3. ______________________________?
   W 1826 roku Fryderyk Chopin rozpoczął studia w warszawskiej Szkole Głównej Muzyki.
4. ______________________________?
   W 1829 roku zamieszkał on na stałe w Paryżu.
5. ______________________________?
   Kompozytor interesował się polską muzyką ludową.
6. ______________________________?
   Fryderyk Chopin zmarł w 1849 roku.

EXERCISE 2. Write down the dates of birth and death as in the example.

Example: Jan Paweł II (1920-2005)
(urodził się w tysiąc dziewięćset dwudziestym roku, zmarł w dwa tysiące piątym roku).

1. Fryderyk Chopin (1810-1849).
   – ______________________________
2. Maria Skłodowska- Curie (1867-.1934).
   – ______________________________
3. Matka Teresa z Kalkuty (1910- 1997).
   – ______________________________
4. Adam Mickiewicz (1798- 1855).
   – ______________________________

Text and vocabulary

Plany na wieczór
Evening plans

Dziś wróciłam wcześniej z pracy i wieczorem będę czytać książkę. Zwykle kiedy jestem zmęczona, oglądam już tylko telewizję, ale dziś nie obejrzę nawet wiadomości, bo przeczytałam po drodze gazetę. Jak tylko zjem kolację, usiądę w fotelu i będę czytać. Pójdę spać dopiero jak skończę, a jutro rano jak zwykle wstanę niewyspana.

I came back from work earlier today and this evening I'll read a book. Usually when I'm tired I just watch television, but today I won't even watch the news because I read a newspaper on the way. As soon as I've eaten dinner, I'll sit down in my armchair and I'll read. I'll only go to sleep when I've finished it and tomorrow I'll get up, sleepy as usual.

Vocabulary

czytać *v imperf.*	to read
dopiero *adv.*	only when
droga *f* ***(po drodze)***	way, road (*on the way*)
fotel *m*	armchair
nawet *adv.*	even
niewyspany *adi.*	sleepy
obejrzeć *v perf.*	to watch
pójść spać *v perf.*	to go to bed
usiąść *v perf.*	to sit down
wcześniej *adv.*	earlier
wiadomości *pl*	news
wstać *v perf.*	to get up
zjeść *v perf.*	to eat

Key structures:
Dziś wróciłam wcześniej z pracy.
I came back from work earlier today.

Zwykle oglądam telewizję.
I usually watch television.

Dziś nie obejrzę wiadomości.
Today I will not watch the news.

Po drodze przeczytałam gazetę.
I read a newspaper on the way.

Zjem kolację, usiądę w fotelu i będę czytać.
As soon as I eat dinner, I will seat in my armchair and I will be reading.

Pójdę spać, jak skończę czytać.
I will go to bed when I finish reading.

Jutro rano wstanę niewyspana.
Tomorrow morning I will get up sleepy.

Grammar

Perfect and imperfect verbs

In Polish, verbs can be used in either the perfect or imperfect form.

Perfect verbs give information about a single, completed past activity or an activity that is expected to be completed in the future. They can be used in the past tense, e.g. **przeczytałem gazetę** and the future tense, e.g. **przeczytam książkę**; they do not exist in the present tense. They are often accompanied by time expressions which refer to the past, such as **właśnie**, **dopiero**, **już**, **godzinę**, **tydzień** and **rok temu** or which suggest a time of completion in the future, such as **za chwilę**, **za rok** and **za miesiąc**.

Imperfect verbs give information about the process but not the completion of an activity. They can be used in the present: **czytam**, the past: **czytałem** and the future: **będę czytał**. (see Lesson 5).

Perfect forms are built from the imperfect, however there are no rules and there are many exceptions. Therefore, it is best to learn both forms simultaneously. Perfect forms are created either by adding a prefix to the imperfect verb, e.g.:

czytać : przeczytać,
jeść : zjeść,
kończyć : skończyć,
or by changing the middle part of the verb, e.g.:
wracać : wrócić,
wstawać : wstać.
In some cases, although very rarely, the perfect forms are completely different from their imperfect equivalents, e.g.:
brać : wziąć,
mówić : powiedzieć,
oglądać : obejrzeć.

Text and vocabulary

Dwa tygodnie temu byliśmy na wakacjach nad morzem. Była piękna pogoda, więc całe dnie spędzaliśmy nad morzem. Ja opalałam się na plaży, mój mąż spacerował nad brzegiem i codziennie kąpał się w morzu, a nasze dziecko bawiło się w piasku. Spotkaliśmy tam znajomych, którzy przyjechali na urlop z dziećmi i z psem. Żona znajomego nie mogła żyć bez kawy, więc czasami chodziłyśmy do kawiarni, a wtedy nasi mężowie zajmowali się dziećmi. Nie mieli dużo pracy, bo dzieci cały czas bawiły się same, a pies ich pilnował, żeby nie wchodziły bez opieki do wody. Było cudownie. Wszyscy bardzo odpoczęliśmy, bo każdy robił to, co chciał.

Two weeks ago we were on holiday at the seaside. The weather was beautiful so we spent whole days by the sea. I sunbathed on the beach, my husband walked along the seashore and swam in the sea every day, and our child played in the sand. We met there our acquaintances, who had come on holiday with their children and their dog. Our acquaintance's wife couldn't live without coffee, so sometimes we went to a café while our husbands looked after the children. They didn't have much work because the children played on their own all the time and the dog guarded them so that they didn't go into the water unattended. It was wonderful. All of us rested because everybody did what he or she wanted.

Key structures:

Mój mąż codziennie kąpał się w morzu.
My husband swam in the sea every day.

Żona znajomego nie mogła żyć bez kawy.
Our acquaintance's wife couldn't live without coffee.

Nasze dziecko bawiło się w piasku.
Our child played in the sand.

Spotkaliśmy znajomych.
We met our acquaintances.

Znajomi przyjechali na urlop z dziećmi i psem.
Our acquaintances had come on holiday with their children and their dog.

Nasi mężowie zajmowali się dziećmi.
Our husbands looked after the children.

Żona znajomego i ja chodziłyśmy do kawiarni.
Our acquaintance's wife and I went to a café.

Dzieci bawiły się same.
The children played on their own.

Pies pilnował dzieci
The dog guarded the children.

Wszyscy bardzo odpoczęliśmy.
All of us rested very well.

Każdy robił to, co chciał.
Everybody did what they wanted.

Vocabulary

bawić się *v imperf.*	to play
całe dnie	whole days
cudownie *adv.*	wonderful
kąpać się w morzu	to swim in the sea
opieka *f* (***bez opieki***)	care (*unattended*)
piasek *m*	sand
pilnować *v imperf.*	to look after
powiedzieć *v perf.*	to say
przyjechać na wakacje	to come on holiday
spacerować *v imperf.*	to walk
spotkać *v perf.* (***spotkać znajomych***)	to meet (*to meet acquaintances*)
zajmować się dziećmi	to look after children
znajomi	acquaintances

Grammar

The conjugation of verbs in their perfect and imperfect forms

The past tense is formed in the same way for perfect and imperfect verbs. Both forms inflect according to the same conjugation model.

Conjugation model for the perfect and imperfect past forms of the verb **czytać**:

singular	**masculine**	**feminine**	**neuter**
1 ja	(prze-)czytał-**em**	(prze-)czytała-**m**	——-
2 ty	(prze-)czytał-**eś**	(prze-)czytała-**ś**	——-
3 on/ona/ono	on (prze-)czytał	ona (prze-)czytała	ono (prze-)czytało

plural	masculine personal	non-masculine personal
1 my	(prze-)czytali-**śmy**	(prze-)czytały-**śmy**
2 wy	(prze-)czytali-**ście**	(prze-)czytały-**ście**
3 oni/one	oni (prze-)czytali	one (prze-)czytały

Note: the forms of the verb iść/pójść conjugate irregularly in the past tense:

singular	masculine	feminine	neuter
1 ja	(**po**-)szedł-**em**	(**po**-)szła-**m**	———-
2 ty	(**po**-)szedł-**eś**	(**po**-)szła-**ś**	———-
3 on/ona/ono	on (**po**-)szedł	ona (**po**-)szła	ono (**po**-)szło

plural	masculine personal	non-masculine personal
1 my	(**po**)szli-**śmy**	(**po**)szły-**śmy**
2 wy	(**po**)szli-**ście**	(**po**)szły-**ście**
3 oni/one	oni (**po**)szli	one (**po**)szły

Exercises

Vocabulary

budzić się v *imperf.* — to wake up
gotować *v imperf.* — to cook
historia *f* — history
kupić *v perf.* — to buy
kupować *v imperf.* — to buy
nauczyć się *v perf.* — to learn
obudzić się *v perf.* — to wake up

porozmawiać *v perf.*	to talk
raport *m*	report
ugotować *v perf.*	to cook
wypić *v perf.*	to drink

EXERCISE 3. Fill in the gaps using verbs in their perfect past forms.

1. Jest ósma rano. Janek je śniadanie. O ósmej trzydzieści Janek już .... śniadanie. (zjeść)
2. Jest dziesiąta trzydzieści. Janek pije kawę. O jedenastej Janek już .... kawę. (wypić)
3. Jest piętnasta. Janek czyta gazetę. O szesnastej Janek już .... gazetę. (przeczytać)
4. Jest osiemnasta. Janek ogląda mecz w telewizji. O dwudziestej Janek już .... mecz w telewizji. (obejrzeć)
5. Jest dwudziesta. Janek robi kolację. O dwudziestej trzydzieści Janek już .... kolację. (zrobić)

EXERCISE 4. Fill in the gaps using verbs in either their perfect or imperfect past forms.

1. Wczoraj ja .... całą gazetę. (czytać, przeczytać)
2. Cały wieczór oni (Jan i Michał) .... film. (oglądać, obejrzeć)
3. Przez dwie godziny my (Anna i Maria) .... historii. (uczyć się, nauczyć się)
4. Cały tydzień ja (Anna) .... raporty. (pisać, napisać)
5. Dzisiaj moja żona .... bardzo dobry obiad. (gotować, ugotować)
6. W czwartek Michał .... ze szkoły o 17.00. (wracać, wrócić)
7. Ona długo .... przez telefon ze swoją mamą.(rozmawiać, porozmawiać)
8. W poniedziałek ja .... nowy samochód. (kupować, kupić)
9. Wczoraj Ania i Wojtek .... na długi spacer. (iść, pójść)
10. Dzisiaj ja (Anna) .... o 7.00. (budzić się, obudzić się)

Dialogues and vocabulary

Rozmowa telefoniczna dyrektora kadr z kandydatką do pracy

A telephone conversation between a personnel manager and a job applicant

Michał: Dzień dobry. Nazywam się Michał Wiśniewski. Czy mogę rozmawiać z panią Anną Król?

Good morning. My name is Michał Wiśniewski . Can I speak to Ms. Anna Król?

Anna: Przy telefonie, słucham.

Speaking. How can I help you?

Michał: Jestem dyrektorem kadr i zajmuję się rekrutacją pracowników do naszej firmy. Czy mogę z panią porozmawiać?

I'm the personnel manager and I'm responsible for the recruitment of employees to our company. Can we talk?

Anna: Bardzo proszę.

Of course.

Michał: Studiowała pani japonistykę. Czy miała pani praktykę w Japonii?

You studied Japanese. Did you have an internship in Japan?

Anna: Miałam praktykę w Japonii.

I did have an internship in Japan.

Michał: Czy później utrzymywała pani żywy kontakt z językiem japońskim?

Did you afterwards maintain constant contact with Japanese?

Anna: Tak, jeszcze na studiach w 1995 roku zrobiłam kurs pilotażu wycieczek zagranicznych i oprowadzałam Japończyków po Warszawie i po Polsce.

Yes, in 1995, still during my studies, I did a course for foreign tour guides and I showed Japanese people around Warsaw and Poland.

Michał: A potem?

And after that?

Anna: Po studiach pracowałam w znanym, międzynarodowym biurze podróży. Organizowałam wycieczki do krajów Dalekiego Wschodu.

After my graduation, I worked for a famous, international travel agency. I ran trips to countries in the Far East.

Michał: A potem przez pięć lat pani nie pracowała?
And then you didn't work for five years?

Anna: Wyszłam za mąż w 1997 roku za Japończyka, urodziłam dwoje dzieci i miałam urlop wychowawczy.
I married a Japanese man in 1997, I had two children and was on maternity leave.

Michał: Więc jest pani mężatką. Czym pani się interesuje?
So you're married. What are you interested in?

Anna: Interesuję się muzyką, sztuką, psychologią, ale moją pasją są podróże.
I'm interested in music, art and psychology, but travelling is my passion.

Michał: Jaki jest pani największy sukces?
What's your greatest success?

Anna: To, że mogę połączyć pracę zawodową z moimi zainteresowaniami.
The fact that I can combine my work with my interests.

Michał: Jaka jest pani największa porażka?
What's your greatest failure?

Anna: Niestety, nie mam czasu na pomoc biednym i chorym. Zawsze marzyłam o pracy charytatywnej.
Unfortunately, I don't have time for helping the poor and the sick. I've always dreamt about charity work.

Michał: Bardzo dziękuję pani za rozmowę i do zobaczenia.
Thank you for the conversation and see you soon.

Anna: Dziękuję bardzo. Do zobaczenia.
Thank you. See you.

Vocabulary

biedny *adi.*	poor
biuro *n* **podróży**	travel agency
chory *adi.*	ill, sick
dwoje *num.* (***dwoje dzieci***)	two (*two children*)
Daleki Wschód *m*	the Far East
Japonia *f*	Japan
japonistyka *f*	Japanese studies

Japończyk *m*	Japanese man
japoński *adi.*	Japanese [language]
język *m*	language
kontakt *m*	contact
kurs *m* **pilotażu wycieczek zagranicznych**	course for foreign tour guides
marzyć *v imperf.*	to dream
międzynarodowy *adi.*	international
największy *adi.*	the biggest, the greatest
oprowadzać *v imperf.*	to show around
organizować *v imperf.*	to organize
pasja *f*	passion
połączyć *v perf.*	to combine
pomoc *f*	help
porażka *f*	failure
praca *f* **zawodowa**	work (professional career)
praca *f* **charytatywna**	charity work
praktyka *f*	internship
psychologia *f*	psychology
rekrutacja *f*	recruitment
słuchać *v imperf.*	to listen
studiować *v imperf.*	to study
sukces *m*	success
sztuka *f*	art
urlop *m* **wychowawczy**	maternity leave
urodzić *v perf.*	to give birth
utrzymywać *v imperf.*	to maintain
zajmować się *v imperf.*	to deal with, to be responsible for
znany *adi.*	famous
żywy *adi.* (***żywy kontakt z językiem***)	alive (*constant contact with a language*)

CV-related phrases:

pracować:	to work for/in/at
– **w firmie**	– a company

– **w banku**	– bank
– **w szkole**	– school
pracować:	to work:
– **w dziale handlowym**	– in the sales department
– **w dziale finansowym**	– in the finance department
zajmować się:	to be responsible for:
– **sprzedażą**	– sales
– **promocją**	– promotions
pracować na stanowisku:	to work in the position of:
– **prezesa**	– CEO
– **dyrektora**	– general manager
– **sekretarki**	– secretary
– **asystentki**	– assistant
Być:	To be:
– **prezesem firmy**	– the CEO of a company
– **dyrektorem w dziale finansowym**	– a general manager in the finance department
– **sekretarką**	– a secretary
– **asystentką**	– an assistant
– **pracownikiem biurowym**	– an office clerk
– **nauczycielem, nauczycielką**	– a teacher
– **lekarzem, lekarką**	– a doctor
– **robotnikiem w fabryce**	– a factory worker

Personal data included on a CV:

imię i nazwisko	first name and surname
wiek	age
stan cywilny:	marital status:
– **panna**	– single
– **mężatka**	– married (about a woman)
– **kawaler**	– bachelor/unmarried

– **żonaty**	– married (about a man)
stanowisko	position
wykształcenie (podstawowe, średnie, wyższe)	education (primary, secondary, higher)
znajomość języków obcych	language skills
zainteresowania	interests

Lexical comment

The word **'studia'** is used only in the plural form, e.g.:
To są ciekawe studia. – These are interesting studies.

wyjść za mąż za (+ genitive / kogo?) is used by women.
Monika wyszła za mąż za Japończyka. – Monika married a Japanese.
Wyszłam za mąż w 2001 roku. – I got married in 2001.

ożenić się z (+ instrumental / z kim?) is used by men.
Michał ożenił się z Moniką. – Michał married Monika.
Ożeniłem się w 1999 roku. – I got married in 1999.

Exercises

EXERCISE 5. You are a director of a large company in Warsaw. Interview a job applicant.

Fill in the dialogue.
Dyrektor: ______________________________?
Kandydat: Dzień dobry. Nazywam się Paweł Karolak.
Dyrektor: ______________________________?
Kandydat: Mieszkam w Warszawie.
Dyrektor: ______________________________?
Kandydat: Nie, teraz nie pracuję.
Dyrektor: ______________________________?
Kandydat: Wcześniej pracowałem w banku.

Dyrektor: ________________________________?
Kandydat: W banku pracowałem pięć lat.
Dyrektor: ________________________________?
Kandydat: Studiowałem bankowość na Uniwersytecie Warszawskim.
Dyrektor: ________________________________?
Kandydat: Interesuję się sportem, a szczególnie piłką nożną.
Dyrektor: ________________________________?
Kandydat: W wolnym czasie chodzę na mecze piłki nożnej. Biegam lub gram w tenisa.
Dyrektor: ________________________________?
Kandydat: Mój numer telefonu to 823-56-87.
Dyrektor: ________________________________.
Kandydat: Ja również bardzo dziękuję.

Lesson 11

Twój świat za kilka lat
Your world in a few years

Dialogues and vocabulary

Dialogue 1

Marta: Jakie masz plany na ten rok?
What are your plans for this year?

Maciej: O, mam wielkie plany!
Oh, I have big plans!

Marta: To znaczy?
What does that mean?

Maciej: Zmienię pracę, zarobię dużo pieniędzy i ożenię się z tobą.
I'm going to change my job, earn a lot of money and marry you.

Marta: Powodzenia!
Good luck!

Dialogue 2

Robert: Wiesz, moja firma właśnie zbankrutowała.
You know, my company has just gone bankrupt.

Beata: Bardzo mi przykro. I co teraz zrobisz?
I'm very sorry. What are you going to do now?

Robert: Co zrobię? Zacznę wszystko od nowa.
What am I going to do? I going to start everything all over again.

Dialogue 3

Jan: Kiedy do mnie zadzwonisz?
When will you call me?
Magda: Za kilka dni.
In a few days.
Jan: A kiedy się zobaczymy?
And when will we see each other?
Magda: Za dwa tygodnie.
In two week's time.
Jan: Szkoda! Myślałem, że w ten weekend pojedziemy razem nad morze.
What a pity! I thought we would go to the seaside together this weekend.

Dialogue 4

Wojtek: Za pół roku skończysz studia. Wiesz już, co dalej?
In half a year you are graduating. Do you know what you will do afterwards?
Iza: Wiem. Poszukam pracy i przeprowadzę się do Marka.
I do. I'm going to look for a job and move in with Mark.
Wojtek: Planujecie ślub?
Are you planning a wedding?
Iza: Tak, w przyszłym roku.
Yes, next year.

Questionnaire

Osoby People	Co pan/pani zrobi jutro? What are you doing tomorrow?	Co pan/pani zrobi w przyszłym miesiącu? What are you doing next month?	Co pan/pani zrobi za rok? What will you be doing next year?	Co pan/pani zrobi za 5 lat? What will you be doing in 5 year's time?
Marek	Zjem kolację z Ewą. I will have a dinner with Ewa.	Kupię komputer. I'm buying a computer.	Nauczę się włoskiego. I'll be learning Italian.	Pojadę do Afryki. I'll be going to Africa.
Ewa	Przygotuję prezentację. I'm preparing a presentation.	Przeprowadzę się do Krakowa. I'm moving to Cracow.	Skończę studia. I'll be graduating.	Wyjdę za mąż i urodzę dziecko. I'll be getting married and having a child.
Adam	Spotkam się z kolegą. I'm meeting with a friend.	Zdam egzamin z francuskiego. I'm taking my French exam.	Awansuję w firmie. I'll be getting a promotion in my company.	Ożenię się i zbuduję dom. I'll be getting married and building a house.

Vocabulary

awansować *v imperf./v perf.* — to be promoted
dalej *adv.* (*Co dalej?*) — next (*What next?*)
nauczyć się [**włoskiego**] *v perf.* — to learn [Italian]
O! *inter.* — Oh!

ożenić się *v perf.*	to marry (a woman)
planować *v imperf.*	to plan
poszukać *v perf.* (***Poszukam pracy.***)	to search, to look for (*I will look for a job.*)
pół *num.* (***pół roku***)	half (*half a year*)
przeprowadzić się [**do**] *v perf.*	to move, to change the place of leaving
przygotować *v perf*	to prepare
przyszły *adi.* (***w przyszłym roku***)	next (*next year*)
szkoda *adv.* (***Szkoda, że nie masz czasu.***)	pity (*What a pity you don't have time.*)
ślub *m*	wedding
wielki *adi.*	big, great
właśnie *adv.*(***Moja firma właśnie zbankutrowała.***)	just (*My company has just gone bankrupt.*)
wyjść za mąż *v perf.*	to marry (a man)
zacząć *v perf.*	to begin
zarobić *v perf.*	to earn
zbankrutować *v perf.*	to go bankrupt
zbudować *v perf.*	to build
zbudować dom	to build a house
zdać *v perf.* (*zdać egzamin*)	pass (*to pass an exam*)
zobaczyć się *v perf.*	to see each other, to meet

Phrases:

Kiedy do mnie zadzwonisz?	When will you call me?
Kiedy się zobaczymy?	When will we see each other?
Mam wielkie plany.	I have big plans.
Ożenię się z tobą.	I'll marry you.
Powodzenia!	Good luck!
Szkoda.	What a pity.
To znaczy?	What does that mean?
w przyszłym roku	next year
za kilka dni	in a few days
Zacznę wszystko od nowa.	I'll start everything all over again.

Key structures

Time expressions – nominative singular and plural forms

chwila *f* / **chwile** *pl*	moment/ moments
godzina *f* / **godziny** *pl*	hour/ hours
dzień *m* / **dni** *pl*	day/ days
tydzień *m* / **tygodnie** *pl*	week/ weeks
miesiąc *m* / **miesiące** *pl*	month/ months
rok *m* / **lata** *pl*	year/ years

Expressions related to closer and more distant future

Kiedy? (*When?*)

preposition **za** + singular accusative

za chwil-ę	in a moment
za godzin-ę	in an hour
jutro (used instead of a phrase *za dzień*)	tomorrow
za tydzień	in a week
za miesiąc	in a month
za rok	in a year

preposition ***za*** + numeral **kilka** + plural genitive

za kilka chwil	in a few moments
za kilka godzin	in a few hours
za kilka dni	in a few days
za kilka tygodni	in a few weeks
za kilka miesięcy	in a few months
za kilka lat	in a few years

preposition ***za*** + numerals **2,3,4** + plural accusative

za dwie godziny	in two hours
za dwa dni	in two days

za dwa tygodnie	in two weeks
za dwa miesiące	in two months
za dwa lata	in two years

preposition ***za*** + numerals **5 and subsequent** + plural genitive

za pięć godzin	in five hours
za pięć dni	in five days
za pięć tygodni	in five weeks
za pięć miesięcy	in five months
za pięć lat	in five years

Structures with singular locative and accusative

nominative forms	**Kiedy?** preposition ***w*** + singular locative
przyszły rok/miesiąc/tydzień	**w przyszłym roku/miesiącu/tygodniu**
następny rok/miesiąc tydzień	**w następnym roku/miesiącu/tygodniu**
next year/month/week	next year/month/week
	Kiedy? preposition ***w*** + singular accusative
przyszły wtorek/czwartek/ weekend	**w przyszły wtorek/czwartek/weekend**
następny wtorek/czwartek/ weekend	**w następny wtorek/czwartek/weekend**
next Tuesday/Thursday/ weekend	next Tuesday/Thursday/weekend
przyszła środa/sobota/ niedziela	**w przyszł-ą środ-ę/sobot-ę/niedziel-ę**
następna środa/sobota/ niedziela	**w następn-ą środ-ę/sobot-ę/niedziel-ę**
next Wednesday/Saturday/ Sunday	next Wednesday/Saturday/Sunday

Questions

Co pan/pani zrobi jutro / za tydzień / za rok?
What are you going do tomorrow / next week / next year?

Co zrobisz w przyszłym tygodniu / miesiącu / roku?
What are you going to do next week / month / year?

Czy spotkamy się w ten weekend / w przyszły weekend / w następną sobotę?
Shall we meet this weekend / next weekend / next Saturday?

Czy zobaczymy się jutro?
Shall we see each other tomorrow?

General questions about plans with preposition ***na*** *+ singular accusative*

Jakie ma pan/pani plany na ten rok / na przyszły rok?
What are your plans for this year / next year?

Jakie masz plany na jutro / na przyszłą sobotę / na przyszły tydzień / na następny miesiąc?
What are your plans for tomorrow / next Saturday / next week / the following month?

Grammar

Future tense of perfect verbs

Singular and plural conjugation of the verbs **zrobić**, **skończyć**, **zdać**, **spotkać się**, **zbudować**, **przygotować** and **zjeść**.

infinitive	**zrobić, skończyć**	**zdać, spotkać się**	**zbudować, przygotować**	**zjeść**
singular				
(ja)	zrobi**ę** skończ**ę**	zd**am** spotk**am** się	zbud**uję** przygot**uję**	zj**em**
(ty)	**- isz – ysz**	**- asz**	**- esz**	**- esz**
(on/ona/ono)	**- i – y**	**- a**	**- e**	**- e**
plural				
(my)	zrobi**my** skończy**my**	zda**my** spotka**my** się	zbuduje**my** przygotuje**my**	zje**my**
(wy)	**- cie**	**- cie**	**- cie**	**- cie**
(oni/one)	**- ą**	**-dzą – ją**	**- ą**	**- dzą**

*Singular conjugation of the verbs **ożenić się** and **wyjść za mąż***

ożenić się	**wyjść za mąż**
(ja) ożeni**ę** się	wyjd**ę** za mąż
(ty) oże**nisz** się	wyjdz**iesz** za mąż
(on) oże**ni** się	(ona) wyjdz**ie** za mąż

Questions with perfect verbs in the future tense

Co na pewno zrobisz w przyszłym roku?
What are you definitely going to do next year?

Czego pan/pani na pewno nie zrobi w tym roku?
What are you definitely not going to do this year?

Kiedy w końcu zdasz egzamin z angielskiego?
When will you finally pass your English exam?

Kiedy pan/pani zadzwoni do mnie?
When will you call me?

Kiedy się zobaczymy?
When will we see each other?

Dokąd pojedziecie w tym roku na urlop?
Where are you going on holiday this year?

Dokąd państwo się przeprowadzą?
Where are you moving to?

Czy spotkamy się dzisiaj wieczorem?
Shall we meet this evening?

Czy zjemy kolację w domu, czy w restauracji?
Shall we eat at home or in a restaurant?

Future tense of perfect verbs

The future tense of perfect verbs is formed in a similar way to the present tense of imperfect verbs – according to four main types of conjugation. In many cases, the inflected endings of both tenses are identical.

	present tense **uczyć się, czytać**	future perfect tense **nauczyć się, przeczytać**
singular		
(ja) (ty) (on/ona/ono)	uczę się czytam uczysz się czytasz uczy się czyta	na**uczę** się prze**czytam** na**uczysz** się prze**czytasz** na**uczy** się prze**czyta**
plural		
(my) (wy) (oni/one)	uczymy się czytamy uczycie się czytacie uczą się czytają	na**uczymy** się prze**czytamy** na**uczycie** się prze**czytacie** na**uczą** się prze**czytają**

The endings are identical when the perfect verb differs from the imperfect one only by the prefix, e.g.: **pisać/na-pisać**, **czytać/prze-czytać**, **jechać/po-jechać**, **jeść/z-jeść**, **pić/wy-pić**, **robić/z-robić**, **rozumieć/z-rozumieć**, **dzwonić/za-dzwonić**, **prosić/po-prosić** etc.
In all other cases, the perfect verb should be assigned to one of the four known conjugation types and inflected in the same ways as the imperfect verbs in that group in the present tense, e.g. in the future tense the perfect verb **kupić** has the endings **ę**, **-isz**, **-i**, so: **ja kupię**, **ty kupisz**, **on kupi.**
See Grammar Comments in Lesson 10 for further information on the use of perfect verbs.

Presentation of verbs and structures referring to the near and more distant future

Za chwilę do ciebie zadzwonię.
I'll call you in a moment.

Jutro zrobisz zakupy.
You're doing the shopping tomorrow.

Adam za kilka dni zmieni pracę.
Adam is changing his job in a few days.

W przyszłym tygodniu Ewa przeprowadzi się do nowego mieszkania, a za miesiąc kupi samochód.
Next week Ewa is moving to a new flat and next month she is buying a car.

W następny weekend ja i Marek pojedziemy nad morze.
Next weekend Marek and I are going to the seaside.

Spotkacie się za dwa miesiące.
You will meet in two months time.

Ania i Beata za rok zrobią prawo jazdy.
Ania and Beata will do their driving licences next year.

Za kilka lat państwo Nowakowie przeprowadzą się do Włoch.
In a few years Mr and Mrs Nowak will move to Italy.

Expressing the near and more distant future

When describing or asking about plans for the near of more distant future, the future forms (either perfect or imperfect) are used together with one of three structures which answer a question about the time of the given activity. Each of the structures consists of the preposition **w** or **za** and an expression of time in the appropriate case. It is necessary to remember that:

– the preposition **w** can take two cases – the accusative or the locative; the accusative structure is used when talking about weekdays (see Example 1 and the Grammar Comments in Lesson 6); the locative structure is used in all other cases – **tydzień**, **miesiąc**, **rok**. (see Example 2); Examples:

1. **W przyszły poniedziałek spotkam się z Markiem.**
   Next Monday I'm meeting with Mark.

   W następną sobotę pójdę do kina.
   Next Saturday I'm going to the cinema.

2. **W przyszłym tygodniu Piotr pojedzie do Gdańska.**
   Next week Piotr's going to Gdańsk.

   W przyszłym roku kupimy nowe auto.
   Next year we are going to buy a new car.

– the preposition **za** is accompanied by the accusative if it is followed by a noun in the singular or an expression consisting of the cardinal numeral 2, 3 or 4 (and all those endings in these numbers, starting from 22) and a noun in the plural (see Example 1); however if after the preposition **za** we use the indefinite number **kilka** or a cardinal numeral from 5 to 21, then the noun that follows it is in the plural genitive (see Example 2). For more information about combinations of numerals and nouns such as **dzień**, **tydzień**, **miesiąc** and **rok**, see Lesson 3.

1. **Obiad będzie za godzinę.**
   Lunch will be in an hour.

   Zadzwonię do ciebie za trzy dni.
   I'll call you in three days.

   Adam skończy studia za dwa lata.
   Adam will graduate in two years.

2. **Spotkamy się za kilka godzin.**
We'll see each other in a few hours.

Za dziewięć miesięcy Magda urodzi dziecko.
Magda is going to give birth in nine months.

Za pięć lat zrobię doktorat.
In five years I will finish my PhD thesis.

Selected noun forms in the plural genitive

masculine		feminine	
-i/-y		- no ending	
kilka/pięć...	**dni**	kilka/pięć...	**chwil**
	tygodni		**sekund**
	miesięcy		**minut**
			godzin
- no ending			
kilka/pięć...	**lat**		

*Personal pronouns **ja** and **ty** in the instrumental*

These forms are usually accompanied by the preposition *z*, which, for ease of pronounciation, gets changed into *ze* in the expression ***ze mną*** (*with me*). They are very often used when directly addressing another person both in correspondence and in conversation or when talking about relations with others. They are used with common verbs (in both perfect and imperfect forms) such as: **rozmawiać/porozmawiać** (*to talk*), **spotykać się/spotkać się** (*to meet*), **umawiać się/umówić się** (*to make an appointment*), **zobaczyć się** (*to see each other*) **and kontaktować się/skontaktować się** (*to get in touch*). Please note that the expression ***z tobą*** (*with you*) is used only when addressing people with whom we are on first name terms. Otherwise, the polite form ***z panią/z panem*** is used. The instrumental forms of personal pronouns are useful when expressing wishes, e.g.:

Chciałbym/chciałabym z tobą porozmawiać. – I would like to talk to you.
and making proposals, e.g.:
Czy zje pani ze mną kolację? – Will you have dinner with me?

nominative		instrumental	
Kto?	(*Who?*)	**Kim? Z kim?**	(*Whom? With whom?*)
Ja	(I)	**mną / ze mną**	(*me, with me*)
ty	(you)	**tobą / z tobą**	(*you, with you*)

Examples:
Żona nie chce ze mną rozmawiać.
My wife doesn't want to talk to me.

Mój chłopak nie ożeni się ze mną.
My boyfriend won't marry me.

Czy zje pani ze mną kolację?
Will you have dinner with me?

Może pójdziesz ze mną do kina?
Will you go to the cinema with me?

Dyrektor spotka się z tobą jutro po południu.
The director will meet you tomorrow afternoon.

Chcę się z tobą koniecznie zobaczyć.
I really want to see you.

On tobą manipuluje.
He manipulates you.

Czy mogę pójść z tobą na koncert?
Can I go to the concert with you?

Exercises

Vocabulary

dom *m* **na wsi**	cottage house
głodny *adi.*	hungry
kolor *m* (***kolor włosów***)	colour (*hair colour*)
nic *pron.* (***nic do jedzenia***)	nothing (*nothing to eat*)
opowiedzieć *v perf.*	to tell about
pożyczka *f*	loan
pretekst *m*	excuse
remont *m*	renovation
romans *m* (***mieć romans***)	affair (*to have an affair*)
rzecz *f*	thing
rzucić *v perf.* (***rzucić palenie***)	to quit, to give up (*to quit smoking*)
styczeń *m* (***Dzisiaj jest pierwszy stycznia.***)	January (*Today is the first of January.*)
swój *pron.*	one's own
termin *m* (***w terminie***)	term, deadline (*within a deadline*)
ukraść *v perf.*	to steal
zajęcie *n*	activity
zakochać się *v perf.*	to fall in love
zaproponować *v perf.*	to offer
zrezygnować *v perf.*	to resign from

EXERCISE 1. Fill in the missing forms.

Example: jutro, za dwa ....., za pięć ......
jutro, za dwa dni, za pięć dni

1. za godzinę, za trzy ...., za kilka ....
2. za tydzień, za dwa ...., za pięć ....
3. za miesiąc, za cztery .... , za sześć ....
4. za rok, za dwa ...., za sto ....

EXERCISE 2. Fill in the blanks with synonymous expressions.

Example: za dwa dni = pojutrze

1. za rok = w ...., w ....
2. za miesiąc = w ...., w ....
3. za tydzień = w ...., w ....
4. w następny weekend = w ....
5. w następną sobotę = w ....
6. w przyszłą środę = w ....
7. zaraz = za ....
8. za sześć miesięcy = za ....
9. za sześćdziesiąt minut = za ....
10. za dwadzieścia cztery godziny = ...

EXERCISE 3. Decide which verbs are perfect and which are imperfect.

spotkać się, zapłacić, zadzwonić, pisać, przeczytać, pójść, kupować, płacić, iść, czytać, spotykać się, pić, zjeść, uczyć się, dzwonić, kupić, jeść, nauczyć się, wypić, napisać

Imperfect verbs	Perfect verbs
grać	zagrać

EXERCISE 4. Who is speaking? Match the statement with the person.

1. Harrison Ford: ....
2. Bill Gates: ....
3. Joanne K. Rowling: ....
4. Steven Spielberg: ....
5. Madonna: ....
6. Ronaldo: ....

a) zrobię nowy film, b) pojadę na tournée, c) zmienię klub, d) napiszę następny bestseller, e) zagram w thrillerze, f) zarobię następny miliard

EXERCISE 5. Complete the dialogue. Use the expressions in brackets.

– Co na pewno ....? (ty, zrobić, ten rok)
– W tym roku zrobię trzy ważne rzeczy.
– To znaczy?
– Na pewno .... , ... i .... (kupić mieszkanie, zmienić kolor włosów, pojechać na wakacje do Grecji)

EXERCISE 6. Read the passage from Iza's Blog and the following sentences. Decide which ones are true (+) and which ones are false (-).

Blog Izy:

Dzisiaj jest pierwszy stycznia. Ciekawe, czy ten nowy rok będzie dla mnie szczęśliwy... Moje życie na pewno bardzo się zmieni. Za kilka tygodni przeprowadzę się do Marka, a za pół roku pojedziemy razem do pracy do Irlandii. Wcześniej zrobię prawo jazdy i nauczę się angielskiego.

1. Iza pisze blog w pierwszy dzień nowego roku. ☐
2. Iza nie ma planów na ten rok. ☐
3. Za kilka tygodni życie Izy zmieni się. ☐
4. Marek za kilka tygodni przeprowadzi się do Izy. ☐
5. Iza za tydzień wyjdzie za mąż. ☐
6. Iza i Marek są parą. ☐
7. Iza pojedzie z Markiem do Irlandii. ☐
8. Oni pojadą do Irlandii za rok. ☐

9. Iza i Marek pojadą do Irlandii do pracy. ☐
10. Iza w przyszłym roku zrobi prawo jazdy. ☐
11. Iza nie mówi dobrze po angielsku. ☐

EXERCISE 7. Choose the correct verb.

Example: Zaraz .... (dzwonię, zadzwonię) do Arka.
Zaraz zadzwonię do Arka.

1. Za kilka dni .... (spotykam się, spotkam się) z kolegami.
2. W przyszłym miesiącu .... (kupujesz, kupisz) samochód.
3. Beata najpierw .... (zdaje, zda) egzaminy, a potem .... (jedzie, pojedzie) na wakacje.
4. Co pani teraz .... (czyta, przeczyta)?
5. Oni codziennie .... (piszą, napiszą) do siebie e-maile.
6. Andrzej na pewno .... (żeni się, ożeni się) z Magdą.
7. Nie wiem, kiedy .... (zmieniam, zmienię) pracę.
8. Właśnie .... (szukam, poszukam) mieszkania.
9. Piotr zwykle .... (pije, wypije) kawę, ale dzisiaj .... (pije, wypije) herbatę.
10. Oni na pewno .... (przygotowują, przygotują) dobrą prezentację.
11. Może w następną sobotę .... (idziemy, pójdziemy) do opery?
12. Czy.................... (kończycie, skończycie) projekt w terminie?

EXERCISE 8. What would you do in this situation? Choose one answer and make a sentence following this example: W tej sytuacji spotkam się z szefem.

1. Jesteś głodny/-a, a w domu nie ma nic do jedzenia.
a) Pójdziesz do sklepu i zrobisz zakupy.
b) Ugotujesz obiad.
W tej sytuacji ....

2. Boli cię głowa, a musisz napisać raport dla szefa.
   a) Pójdziesz spać, a raport napiszesz jutro.
   b) Umówisz się z szefem na kolację.
   W tej sytuacji ....

3. Masz za mało czasu dla rodziny.
   a) Poszukasz dodatkowej pracy.
   b) Zrezygnujesz z kilku zajęć.
   W tej sytuacji ....

4. Twój kolega ma poważne problemy finansowe.
   a) Zaproponujesz mu pożyczkę.
   b) Zapytasz go, kiedy kupi nowy samochód.
   W tej sytuacji ....

5. Podoba ci się nowa koleżanka/nowy kolega z pracy.
   a) Opowiesz mu/jej o swoich romansach.
   b) Poszukasz inteligentnego pretekstu do rozmowy.
   W tej sytuacji ....

6. Ukradli ci telefon komórkowy.
   a) Zadzwonisz na pogotowie.
   b) Kupisz nowy telefon.
   W tej sytuacji ....

EXERCISE 9. Complete the questionnaire (circle 3 answers) and fill in all the verb forms.

Co na pewno zrobi pan/pani w następnym roku?

1. rzucę palenie	(ty) ...., (on/ona) ....
2. skończę studia	(ty) ...., (on/ona) ....
3. zakocham się	(ty) ...., (on/ona) ....
4. wyjdę za mąż/ożenię się	(ty) ...., (on/ona) ....
5. zdam egzamin na prawo jazdy	(ty) ...., (on/ona) ....

6. zmienię pracę (ty) ...., (on/ona) ....

7. zarobię dużo pieniędzy (ty) ...., (on/ona) ....

8. pojadę nad morze (ty) ...., (on/ona) ....

9. awansuję w firmie (ty) ...., (on/ona) ....

10. nauczę się polskiego (ty) ...., (on/ona) ....

EXERCISE 10. Change the sentences from the future perfect into the past perfect.

Example: Za kilka minut zjem obiad. – Kilka minut temu zjadłam obiad. (ja, fem.)

1. Jutro premier spotka się z dziennikarzami.
   Wczoraj ....
2. Za tydzień skończę remont* mieszkania.
   Tydzień temu .... (ja, masc.)
3. Paweł i Magda pojadą w przyszłym roku na urlop do Włoch.
   Rok temu ....
4. Za kilka miesięcy Ewa urodzi dziecko.
   Kilka miesięcy temu ....
5. Pojutrze zarezerwujesz bilety na samolot.
   Przedwczoraj .... (ty, masc.)
6. Za kilka lat państwo Nowakowie kupią dom na wsi.
   Kilka lat temu ....
7. Za godzinę zjesz obiad.
   Godzinę temu .... (ty, fem.)
8. Za dwa lata przeprowadzimy się do Krakowa.
   Dwa lata temu .... (my, masc. pers.)

EXERCISE 11. Translate into Polish.

1. a few minutes – ....
2. in a few days – ....
3. next year – ....
4. next Wednesday – ....
5. When will we see each other? – ....
6. What a pity you don't have time today. – ....
7. Will you eat dinner with me? (polite from) – ....
8. How about going to the cinema? – ....
9. I would like to meet you. – ....

EXERCISE 12. Complete the questions with **kiedy**, **gdzie**, **dokąd**, **czy**, **co**, **jakie** or **czego**.

Example: Kiedy się zobaczymy? Zobaczymy się w przyszłą sobotę.

1. .... pan do mnie zadzwoni? Zadzwonię jutro wieczorem.
2. .... zadzwonisz do mnie? Tak, na pewno zadzwonię.
3. .... Adam zrobi w tym tygodniu? W tym tygodniu Adam kupi telewizor.
4. .... nigdy nie zrobisz? Nigdy nie wyjdę za mąż.
5. .... pojadą państwo na wakacje? Pojedziemy do Włoch.
6. .... się ożenisz? Nigdy się nie ożenię.
7. .... się spotkamy? Spotkamy się na stacji metra.
8. .... pani do mnie napisze? Nie, nie napiszę do pana.
9. .... macie plany na wieczór? Chcemy pójść do kina.

Lesson 12

Savoir-vivre. Składanie życzeń, komplementy, dziękowanie i przepraszanie

Savoir-vivre. Wishes, compliments, thanks and apologies

Dialogues and vocabulary

Dialogue 1

Agata: Michale! Z okazji urodzin życzę ci wszystkiego najlepszego, zdrowia, szczęścia i pomyślności.
Michał! On your birthday I wish you all the best, good health, happiness and good luck in everything you do.

Beata: A ja życzę ci spełnienia marzeń!
And I wish that all your dreams come true!

Michał: Dziękuję bardzo. Chciałbym was zaprosić na przyjęcie urodzinowe.
Thank you very much. I'd like to invite you to my birthday party.

Agata: Dziękujemy za zaproszenie. Gdzie i o której godzinie?
Thank you for the invitation. Where and at what time?

Michał: Przyjęcie zaczyna się o osiemnastej w restauracji „Fenix" na Mokotowie.
The party starts at six p.m. in the Fenix restaurant in Mokotów.

Beata: Niestety, bardzo mi przykro, ale ja nie mogę przyjść. Dziś wieczorem mam ważny egzamin.
Unfortunately, I'm very sorry, but I can't come. This evening I have a very important exam.

Michał: Rozumiem. Życzę ci szczęścia na egzaminie.
I understand. Good luck with the exam.

Agata: A ja przyjdę z przyjemnością.
I'll come, with pleasure.

Michał: Bardzo się cieszę. Do zobaczenia wieczorem.
I'm very glad. See you this evening.

Agata: Do zobaczenia.
See you!

▪ *Dialogue 2*

Jan: Cześć Aniu!
Hello Ania!

Ania: Cześć!
Hi!

Jan: Dziś są twoje imieniny. Z tej okazji życzę ci dużo szczęścia, miłości, powodzenia w życiu osobistym i sukcesów w pracy.
Today's your name day. On this occasion, I wish you a lot of happiness, love, good luck in your private life and success at work.

Ania: Dziękuję bardzo.
Thank you very much.

Jan: Proszę, te kwiaty są dla ciebie.
Here you go, these flowers are for you.

Ania: Jeszcze raz dziękuję.
Thank you once again.

Jan: Nie ma za co.
You're welcome.

Dialogue 3

Ojciec: Proszę o uwagę. Chciałbym wznieść toast za młodą parę. Moi drodzy – Julio i Mateuszu, życzę wam na nowej drodze życia dużo miłości, radości, pomyślności i spełnienia marzeń.

Can I have your attention, please. I would like to raise a toast to the newlyweds. Dear Julia and Mateusz, for your new life together I wish you a lot of love, joy, good luck and may your dreams come true.

Julia: Dziękujemy ci tato. A teraz zapraszamy wszystkich do stołu. Proszę się częstować. Życzymy smacznego.

Thank you, Dad. And now, please take your seats. Please go ahead and enjoy your meal!

Goście: Dziękujemy. Nawzajem.

Thank you, you too.

Vocabulary

cieszyć się *v imperf.*	to be glad
imieniny *pl*	name day
kwiat *m*	flower
marzenie *n*	dream
młoda para *f*	newlyweds
Nawzajem.	You too.; Same to you.
osobisty *adj.* (***życie osobiste***)	personal (*private life*)
pomyślność *f*	good luck, prosperity
przyjść *v perf.* (***Nie mogę przyjść.***)	to come (*I cannot come.*)
przyjęcie *n* **urodzinowe**	birthday party
radość *f*	joy
smaczny *adj.* (***Smacznego!***)	tasty (*Enjoy!*)
stół *m*	table
toast *m*	toast
urodziny *pl*	birthday
Wszystkiego najlepszego!	All the best!

wznieść *v perf.* (***wznieść toast***)	to raise (*to raise a toast*)
zdrowie *n* (***Życzę zdrowia.***)	health (*I wish you good health.*)

Key structures with the accusative

Zapraszać na + accusative (**na co?**) – to invite (someone) to (what?)
na przyjęcie urodzinowe – to a birthday party
na przyjęcie do restauracji – to a party at a restaurant

Dziękować za + accusative (**za co?**) – to thank (someone) for (what?)
za zaproszenie – for the invitation
za prezent – for the gift

Wznieść toast za + accusative (**za kogo? za co?**) – to raise a toast to (whom?)
za młodą parę – to the newlyweds

Lexical and cultural comments

Birthdays and name days

In Poland, we celebrate both birthdays and name days. One's name day, which is a particular day of the year associated with one's first name, is as important as one's birthday. On both these occasions, people have parties in clubs and restaurants or at home.

On birthdays and name days we wish people: **wszystkiego najlepszego**, **dużo zdrowia**, **szczęścia** (*happiness*), **pomyślności**, **spełnienia marzeń** and **powodzenia w życiu osobistym i zawodowym**.

For Christmas and Easter we say: **Wesołych Świąt!** (*Merry Christmas / Happy Easter*) and we wish people: **wszystkiego najlepszego**, **zdrowia**, **szczęścia** and **pomyślności**.

For the New Year we say: **Wszystkiego najlepszego w Nowym Roku!** (*All the best for the New Year*) and **Szczęśliwego Nowego Roku!** (*Happy New Year!*).

At weddings we wish the couple: **Wszystkiego najlepszego na nowej drodze życia** (*All the best for your new life together!*).

When a child is born or when someone gets an award, a diploma or a promotion, we say: **Gratuluję narodzin dziecka** (*Congratulations on your new born baby*) or **Gratuluję nagrody/dyplomu/awansu** (*Congratulations on your award/diploma/promotion.*).

Grammar

Życzyć + personal pronoun in the dative

Personal pronouns in the dative

ja	**mnie (mi)**	my	**nam**
ty	**tobie (ci)**	wy	**wam**
on	**jemu (mu)**	oni	**im**
ona	**jej**	one	**im**

In formal situations, we use polite forms: **życzyć panu** (when addressing a man), **życzyć pani** (when addressing a woman), **życzyć państwu** (in plural).

Z okazji urodzin (imienin) życzyć + genitive (czego?)
wszystkiego najlepszego, zdrowia, szczęścia .

Z okazji urodzin życzę ci wszystkiego najlepszego.
On your birthday, I wish you all the best.

Życzę wam wszystkiego najlepszego na nowej drodze życia.
I wish you (plural) all the best in your new life together.

Życzę panu szczęśliwego Nowego Roku.
I wish you (polite form) a Happy New Year!

Życzymy państwu smacznego.
We wish you (plural polite form) bon appétit./Enjoy your meal.

▪ *Zapraszać + personal pronoun in the accusative*

Personal pronouns in the accusative

ja	**mnie**	my	**nas**
ty	**ciebie (cię)**	wy	**was**
on	**jego (go)**	oni	**ich**
ona	**ją**	one	**ich**

When addressing people with whom we are not on first name terms, we use: **zapraszać pana**, **zapraszać panią** and **zapraszać państwa**.

zapraszać na (na co?) + accusative	invite (someone) to/for (what?)
na przyjęcie	to a party
na obiad	to lunch
na kolację	to dinner
na piwo	for a beer
na randkę	for a date
na ślub	to a wedding
na wesele	to a wedding reception
na parapetówkę	to a housewarming party

zapraszać do (dokąd?) + genitive	invite (someone) to (where?)
do restauracji	to a restaurant
do baru	to a bar
do pubu	to a pub
do kina	to the cinema
do teatru	to the theatre
do domu	home

Zapraszam cię na kawę.
I invite you for a coffee.

Zapraszam cię na piwo do pubu.
I invite you for a beer to a pub.

Zapraszam panią na kolację do restauracji.
I invite you to dinner to a restaurant.

Zapraszam państwa na przyjęcie weselne do klubu „Marina".
I invite you to the wedding reception at the Marina Club.

Chciałbym zaprosić cię na lody.
I would like to invite you for an ice cream.

Accepting an invitation

Chętnie przyjdę. – I'll come, with pleasure.
Z przyjemnością przyjdę. – I'll come, with pleasure.

Declining an invitation

Niestety, nie mogę przyjść. – Unfortunately, I can't come.
Bardzo żałuję, ale nie mogę przyjść. – I really wish I could come.
Bardzo mi przykro, ale nie mogę przyjść. – I'm very sorry, but I can't come.

Dialogues and vocabulary

Polite expressions

Dziękuję.	Thank you.
Nie ma za co.	You're welcome.

Example:
– Dziękuję ci, że pomogłaś mi zorganizować to przyjęcie.
Thank you for helping me organise the party.
– Nie ma za co.
You're welcome.

Przepraszam. I'm sorry.
Nic nie szkodzi. It's all right.

Example:
– Przepraszam, że tak późno dzwonię.
I'm sorry for calling so late.
– Nic nie szkodzi. Jeszcze nie śpię.
It's all right. I was not asleep yet.

Smacznego! Enjoy your meal!
Dziękuję, nawzajem. Thank you, you too.

Example:
– Życzę wszystkim smacznego.
Everybody, please enjoy your meal!
– Dziękujemy, nawzajem.
Thank you, and you too.

Proszę. Here you go/are.
Dziękuję. Thank you.

Example:
– Dzień dobry. Czy mogę rozmawiać z Moniką?
Good morning. Can I speak to Monika?
– Tak, bardzo proszę.
Yes, here you are.
– Dziękuję.
Thank you.

▪ *Being on first name terms*

An offer to be on first name terms is made by an older person to a younger person, by a woman to a man, by a superior to a subordinate or by a senior employee to a junior one.

Czy możemy przejść na „ty"?
Can we switch to first name terms?

Czy możemy mówić sobie po imieniu?
Can we start calling ourselves by our first names?

Example:

Dyrektor: Pani Anno, znamy się już tak długo. Czy możemy przejść na „ty"?
Ms Anna, we've known each other for a long time now. Can we switch to first name terms?

Anna: Oczywiście. Będzie mi bardzo miło.
Of course. It will be my pleasure.

■ *Asking about birthdays and name days*

Kiedy są twoje urodziny?
When is your birthday?

Kiedy są twoje imieniny?
When is your name day?

The words **imieniny** and **urodziny** are used only in the plural.

Moje urodziny/imieniny są (kiedy?) + genitive

Moje urodziny są dwudziestego trzeciego grudnia.
My birthday is on the twenty-third of December.

Moje imieniny są jedenastego maja.
My name day is on the eleventh of May.

Moje urodziny (imieniny) są:	My birthday (name day) is on:
pierwszego stycznia	the first of January
drugiego lutego	the second of February
trzeciego marca	the third of March
czwartego kwietnia	the fourth of April
piątego maja	the fifth of May
szóstego czerwca	the sixth of June

siódmego lipca	the seventh of July
ósmego sierpnia	the eighth of August
dziewiątego września	the ninth of September
dziesiątego października	the tenth of October
jedenastego listopada	the eleventh of November
dwunastego grudnia	the twelfth of December

Exercises

Vocabulary

Dzień Dziecka	Children's Day
Dzień Kobiet	Women's Day
Dzień Matki	Mother's Day
filharmonia *f*	philcarmonics
ojej! *inter.*	ouch!
podziękować *v perf.*	to thank
Wigilia *f*	Christmas Eve

EXCERCISE 1. Answer the questions.

1. Kiedy są twoje imieniny? (12.II)
2. Kiedy są twoje urodziny? (5.IV)
3. Kiedy jest Dzień Matki? (26.V)
4. Kiedy jest Dzień Dziecka? (1.VI)
5. Kiedy jest Dzień Kobiet? (8. III)
6. Kiedy jest Wigilia? (24.XII)

EXERCISE 2. Fill in the gaps with the following words: **przepraszam**, **dziękuję**, **nic nie szkodzi**, **nie ma za co**, **nawzajem**.

1.

– Przepraszam, która jest teraz godzina?
– Jest dziesiąta piętnaście.
– ....

2.

– Ojej! Obudziłam cię. ....

– ....I tak muszę wstawać. Jest już ósma.

3.

– Chciałbym ci bardzo podziękować za twoją pomoc.

– ....Zawsze chętnie ci pomogę.

4.

– Z okazji świąt Bożego Narodzenia życzę ci wszystkiego najlepszego.

– Dziękuję i ....

EXERCISE 3. Formulate the invitations.

Example: Zapraszam (pani, restauracja, kolacja)
Zapraszam panią do restauracji na kolację.

1. Zapraszam (ty, muzeum, wystawa)

....

2. Zapraszam (pan, filharmonia, koncert)

....

3. Zapraszam (wy, kino, film)

....

4. Zapraszam (pani, kawiarnia, kawa)

....

Dialogues and vocabulary

Dialogue 4

Artur: Cześć Dorota! Jak dobrze, że cię widzę.
Hi Dorota! How good to see you.

Dorota: Cześć Artur!
Hi Artur!

Artur: Chciałbym prosić cię o pomoc.
I'd like to ask you for some help.

Dorota: Chętnie ci pomogę.
I'll help you gladly.

Artur: Wiesz, w następnym tygodniu będę przedstawiał mój nowy projekt na oficjalnym przyjęciu.
You know, next week I'm presenting my new project at an official party.

Dorota: To świetnie!
That's great!

Artur: Na tym przyjęciu będą dyrektorzy, klienci, nasi współpracownicy, goście z zagranicy. A ja nie mam się w co ubrać. Nie pamiętam, kiedy ostatni raz byłem w sklepie z ubraniami. Nie mam żadnego nowego garnituru, żadnej nowej koszuli. Czy mogłabyś pomóc mi wybrać nowy garnitur?
At the party there'll be directors, clients and our associates as well as guests from abroad. And I have nothing to put on. I don't remember when the last time was that I was in a clothes shop. I have no new suit and no new shirt. Could you help me choose a new suit?

Dorota: Oczywiście. Tu na rogu jest duży sklep z ubraniami. Chodźmy!
Of course. Here, on the corner, there's a big shop with clothes. Let's go!

■ *Dialogue 5*

W sklepie z ubraniami

At the clothes shop

Ekspedientka: Dzień dobry. Czym mogę służyć?
Good afternoon. How can I help you?

Dorota: Dzień dobry. Szukamy eleganckiego garnituru na oficjalne spotkanie.
Good afternoon. We're looking for a smart suit for an official meeting.

Ekspedientka: Mamy duży wybór garniturów. Czy ma być gładki, w paski, czy w kratkę? Jasny, czy ciemny?

	We have a wide selection of suits. Do you want it plain, striped or checked? A light one or a dark one?
Artur:	Myślę, że jasny, najlepiej gładki.
	I think a light one, preferably plain.
Ekspedientka:	Tam na prawo są garnitury jasne. Proszę obejrzeć.
	There on the right, there are the light suits. Please have a look.
Dorota:	Ten beżowy jest bardzo ładny. Przymierz!
	This beige one is very nice. Try it on!
Artur:	Podoba mi się ten garnitur. Przepraszam, czy jest rozmiar 43?
	I like this suit. Excuse me, do you have a size 43?
Ekspedientka:	Tak, bardzo proszę.
	Yes, here you are.
Artur:	Gdzie jest przymierzalnia?
	Where's the fitting room?
Ekspedientka:	Proszę iść prosto i tam na lewo jest przymierzalnia.
	Go straight ahead and the fitting room is there on the left.
Artur:	No, nie wiem. Myślę, że spodnie są za szerokie.
	Well, I don't know. I think the trousers are too wide.
Dorota:	Nie. Szerokie spodnie są teraz bardzo modne. Bardzo ładnie ci w tym garniturze.
	No. Wide trousers are very fashionable now. You look good in this suit.
Ekspedientka:	Zgadzam się z panią.
	I agree with you.
Artur:	Dobrze. To kupię ten garnitur. Poproszę jeszcze koszulę i krawat.
	All right. I'll buy this suit. I'd also like a shirt and a tie.
Ekspedientka:	Mamy duży wybór koszul i krawatów. Myślę, że ta biała koszula i ten krawat w paski idealnie pasują do garnituru.
	We have a wide selection of shirts and ties. I think this white shirt and this striped tie go perfectly with the suit.
Artur:	To już wszystko. Poproszę garnitur, koszulę i krawat.
	That's all. I'll take the suit, the shirt and the tie.

Ekspedientka:	Płaci pan kartą czy gotówką?
	Are you paying by card or in cash?
Artur:	Kartą.
	By card.
Ekspedientka:	Dziękuję bardzo.
	Thank you very much.
Artur:	Dziękuję.
	Thank you.

Vocabulary

beżowy *adi.*	beige
ciemny *adi.*	dark
ekspedientka *f*	sales assistant
elegancki *adi.*	elegant
garnitur *m*	suit
gładki *adi.*	plain
idealnie *adv.*(***pasuje idealnie***)	perfectly (*it suits perfectly*)
jasny *adi.*	light
klient *m*	client
koszula *f*	shirt
kratka *f* (***w kratkę***)	check (*checked*)
krawat *m*	tie
modny *adi.*	fashionable
oficjalne przyjęcie/spotkanie	official party/meeting
ostatni raz	last time
pasek *m* (***w paski***)	stripe (*striped*)
pomóc *v perf.*	to help
projekt *m*	project
przedstawić *v perf.*	to present
przymierzalnia *f*	fitting room
przymierzyć *v perf.*	to try on
rozmiar *m* **garnituru**	size of a suit
spodnie *pl*	trousers

szeroki *adi.* (***spodnie są za szerokie***)	wide (*trousers are too wide*)
ubrać się *v. perf.*	to get dressed
ubranie *n*	clothes
współpracownik *m*	associate, co-worker
wszystko *pron.*	all, everything
wybór *m*	choice, selection
wybrać *v perf.*	to choose
zgadzać się *v. imperf.*	to agree

Phrases

Chciałbym prosić cię o pomoc.
I'd like to ask you for some help.

Czym mogę służyć?
How can I help you?

Bardzo ładnie ci w tym garniturze.
You look very good in this suit.

Koszula i krawat idealnie pasują do garnituru.
The shirt and tie go perfectly with this suit.
Płaci pan kartą czy gotówką?
Are you paying by card or in cash?

Ubierać się w czarny sweter.
To put on a black jumper.

Mieć na sobie szary garnitur.
To wear a grey suit.

Key structures with the accusative

kupować (+ accusative [**co?**]) **garnitur**, **koszulę**, **krawat**
to buy a suit, shirt, tie

obejrzeć (accusative [**co?**]) **krawat**
to see a tie

przymierzyć (accusative [**co?**]) **garnitur**
to try on a suit

ubierać się w (accusative [**co?**]) **elegancki garnitur**
to put on a smart suit

mieć na sobie (accusative [**co?**]) **białą koszulę**
to wear a white shirt

■ *Lexical comments*

Note: We use the following expressions to ask about sizes:

- **rozmiar** (*size*) for clothes
  Jaki ma pan/pani rozmiar ubrania?
  Jaki rozmiar ubrania pan/pani nosi?
- **numer** (*number*) for shoes
  Jaki ma pan/pani numer butów?
  Jaki numer butów pan/pani nosi?

■ *Colours*

beżowy *adi.*	beige
biały *adi.*	white
czarny *adi.*	black
czerwony *adi.*	red
niebieski *adi.*	blue
szary *adi.*	grey
zielony *adi.*	green
żółty *adi.*	yellow

Examples:
Zwykle na spotkania u przyjaciół ubieram się w dżinsy i niebieską koszulę w kratkę.
For meetings at my friend's, I usually put on jeans and a blue, checked shirt.

Mam na sobie czarne spodnie, białą koszulę w kratkę i zielony sweter.
I 'm wearing black trousers, a white, checked shirt and a green jumper.

Phrases and expressions

Ubranie może być:	Clothes can be:
– **za wąskie**	too tight
– **za szerokie**	too wide
– **za małe**	too small
– **za duże**	too big

Examples:
Ta czerwona sukienka jest za wąska.
This red dress is too tight.

Te zielone spodnie są za duże.
These green trousers are too big.

Te buty są za małe.
These shoes are too small.

Paying compliments

Ładnie wyglądasz. – You look nice.
Ładnie wyglądasz w… + locative – You look nice in …
Ładnie ci w… + locative – You look nice in…

masculine	**w tym czarnym swetrze**	in this black jumper
	w tym nowym garniturze	in this new suit
feminine	**w tej niebieskiej sukience**	in this blue dress
	w tej białej bluzce	in this white top
plural	**w tych szarych spodniach**	in these grey trousers
	w tych modnych butach	in these fashionable shoes

Pasować do (*+ genitive [***czego?***]*) – *to go well with*

Ta biała koszula pasuje do tego szarego garnituru.
This white shirt goes well with this grey suit.

Ta niebieska bluzka pasuje do tej czarnej spódnicy.
This blue top goes well with this black dress.

Exercises

Vocabulary

bluzka *f*	top
czapka *f*	cap
kapelusz *m*	hat
marynarka *f*	jacket
płaszcz *n*	coat
rajstopy *pl*	tights
skarpetki *pl*	socks
spódnica *f*	skirt
sukienka *f*	dress
sweter *m*	jumper
burak *m*	beetroot
niebo *n*	sky
słońce *n*	sun
ściana *f*	wall
trawa *f*	grass

EXERCISE 4. Decide the gender of the following nouns.

	masculine	**feminine**	**neuter**
ubranie			
garnitur			
marynarka			
koszula			
krawat			
sukienka			
spódnica			
płaszcz			
czapka			
kapelusz			
sweter			
bluzka			

EXERCISE 5. Match the adjectives with the nouns.

żółty		trawa
zielony		ściana
niebieski	jak	burak
czerwony		słońce
biały		niebo
czarny		noc

Grammar

Vocabulary

album *m* album
bagaż *m* luggage

biblioteka *f*	library
centymetr *m*	centimetre
cukierek *m*	candy
dekagram *m*	decagram
gimnazjum *n*	lower-secondary school
gram *m*	gram
grosz *m*	grosz [1/100 of a zloty]
hektar *m*	hectare
kilogram *m*	kilogram
leżeć *v imperf.*	to lie
liceum *n*	secondary school
litr *m*	litre
lodówka *f*	fridge
marchewka *f*	carrot
masło *n*	butter
metr *m*	metre
mnóstwo *n*	lots of
niewiele *adv.*	not many
ogórek *m*	cucumber
ogród *m*	garden
parę *num.*	a few, a couple
pieniądz *m*	money
pizzeria *f*	pizzeria
płatki *pl*	cereal
pomidor *m*	tomato
rosnąć *v imperf.*	to grow
wiele *adv.*	a lot
ziemniak *m*	potato

The genitive of plural nouns

Questions: **Kogo/czego nie ma?** – Who/What is not here?
Kogo/czego nie lubisz? – Who/What you don't like?

masculine	feminine	neuter
– **'ów'** for words ending with a hard consonant, e.g.: **komputerów**, **barów**, **banków**, **samochodów**, **sklepów**, **menedżerów**	– **'zero ending'**, e.g.: **ulic**, **kobiet**, **wizytówek, godzin**	– **'zero ending'** for most neuter nouns, e.g.: **biur**, **mieszkań**, **miejsc**, **piw**
– **'i'** for words ending with a soft consonant (-l, -ń, -ć), e.g.: **hoteli**, **e-maili**, **dni**, **tygodni**, **gości**	– **'y'** for words ending with a hard consonant, e.g.: **nocy**, **podróży**	– **'ów'** for a small group of words ending with 'um', e.g. **muzeów**, **gimnazjów**, **liceów**, **albumów**
– **'y'** after consonants sz-, cz-, ż-, rz- and dz-, e.g.: **groszy**, **bagaży**, **lekarzy**, **pieniędzy**; also: **miesięcy**	– **'i/ji'** for words ending with a soft consonant or syllable -nia, -cja and -ria, e.g.: **kawiarni**, **restauracji**, **galerii**, **pizzerii**	

The endings of adjectives in the genitive

Adjectives in the genitive have the following endings in all three genders:

- **'ych'** after hard consonants (**czerwonych**, **dużych**, **małych**)
- **'ich'** after soft consonants, after **–k** and **–g** (**wysokich**, **drogich**) and also after pronouns (**moich**, **twoich**, **swoich**).

Examples:

W sklepie nie ma żółtych garniturów.
czerwonych kapeluszy.
białych dżinsów.

The genitive in negative sentences

The genitive is the most frequently used case because it appears in all negative sentences, e.g.:

Nie czytam książek.
I don't read books.

Nigdy nie jem płatków na śniadanie.
I never eat cereal for breakfast.

Nie znam dyrektorów tej firmy.
I don't know the directors of this company.

Dzieci nie oglądają filmów po dwudziestej.
Children do not watch movies after eight p.m.

The genitive after adverbs of quantity

The genitive is used after words like: **dużo** (*a lot*), **mało** (*a little*), **kilka** (*a few*), **trochę** (*some*), **wiele** (*many*), **niewiele** (*little*), **mnóstwo** (*loads*), **parę** (*a couple*).

After these forms:
- in the present tense, the verb is used in the 3rd person singular,
- in the past and the future tenses, the verb is used in the 3rd person singular neuter.

Examples:

present tense	**Kilka gazet <u>leży</u> na półce.** **Kilku studentów <u>jest</u> w bibliotece.**
past tense	**Paru Francuzów <u>mieszkało</u> w hotelu.** **Trochę masła <u>było</u> w lodówce.**
future tense	**Dużo samochodów <u>będzie parkowało</u> na tym parkingu.** **Wiele kwiatów <u>będzie rosło</u> w ogrodzie.**

The genitive after expressions of weight and length

The genitive is used after expressions of weight and length: **centymetr**, **metr**, **hektar**, **kilogram**, **pół kilo**, **dekagram**, **gram**, **litr**.

Examples:
Poproszę trzy kilogramy ziemniaków.
Poproszę pół kilo cukierków.

The genitive after numerals

In the case of masculine personal nouns, the genitive is used from numeral 2 onwards.

Examples:

jeden **pan**	but	dwóch **panów**, **studentów**, **kolegów**
		trzech
		czterech
		pięciu
		sześciu
		siedmiu
		ośmiu
		dziewięciu
		dziesięciu
		jedenastu
		dwunastu

Example:
W mojej firmie pracuje czterech Polaków, pięciu Włochów i dwóch Amerykanów.

In the case of non–masculine personal, neuter and feminine nouns, the genitive starts being used from numeral 5 onwards.

Examples:

jedna **kobieta**	but	pięć **kobiet**, **godzin**, **mieszkań**
dwie **kobiety**		sześć
trzy **kobiety**		siedem
cztery **kobiety**		osiem
		dziewięć
		dziesięć
		jedenaście
		dwanaście

Example:
Do sałatki dodajemy sześć pomidorów, pięć ogórków i dwie marchewki.
W mojej dzielnicy jest pięć sklepów.

Exercises

Vocabulary

centrum *n* **handlowe**	shopping centre
Czech *m*	Czech
drzewo *n*	tree
hipermarket *m*	hypermarket
jabłko *n*	apple
jajko *n*	egg
klasa *f*	class
krzesło *n*	chair
łóżko *n*	bed
małpa *f*	monkey
obecnie *adv.*	currently
podłoga *f*	floor
popsuty *adi.*	rotten
Słowak *m*	Slovak
stół *m*	table

Uniwersytet *m* **Warszawski**	Warsaw University
winda *f*	lift
Włoch *m*	Italian

EXERCISE 6. Change the underlined nouns from the plural nominative to the plural genitive.

Example: Na podłodze są dywany.
Na podłodze nie ma dywanów.

1. W restauracji są goście.
– ....
2. W mieszkaniu są stoły, krzesła i łóżka.
– ....
3. W tym bloku są windy.
– ....
4. W centrum handlowym są bary.
– ....
5. Przed hipermarketem są parkingi.
– ....

EXERCISE 7. Write the negatives.

Lubię poniedziałki.	Nie lubię poniedziałków.
1. Znam dobrze te kobiety.	....
2. Dziś kupiłem jajka i pomidory.	....
3. Widzę tych panów.	....
4. W kiosku są bilety.	....

EXERCISE 8. Reformulate the sentences using the words from the brackets.

Example: Na Uniwersytecie Warszawskim studiują studenci. (dużo)
Dużo studentów studiuje na Uniwersytecie Warszawskim.

1. Przed domem stoją samochody. (mnóstwo)

....

2. Dzieci spacerują po parku. (mało)

....

3. Kobiety są w kawiarni. (kilka)

....

4. Jabłka są zgniłe. (wiele)

....

5. W zoo były małpy. (niewiele)

....

EXERCISE 9. Write the words in brackets in the plural genitive.

W naszej szkole obecnie uczy się około stu .... (student), jest dwudziestu pięciu .... (Anglik), piętnastu .... (Niemiec), dwunastu .... (Włoch), dziesięciu .... (Hiszpan), siedmiu .... (Francuz), sześciu .... (Japończyk), czterech .... (Czech), dwóch .... (Słowak).

EXERCISE 10. Write the following numbers in words.

1. Na przyjęciu urodzinowym było (6) kobiet i (8) mężczyzn.
2. Na parkingu stoi (10) samochodów.
3. W tej firmie pracuje (3) dyrektorów.
4. W klasie jest (13) uczniów.
5. (2) kolegów oglądało mecz.
6. W sklepie było (5) klientów.
7. W ogrodzie rośnie (6) drzew.

Exercise key

Lesson 1

Ex. 1 1. Mam na imię • 2. na imię • 3. Nazywam się • 4. Bardzo • 5. ma

Ex. 2 1. Czy Iza ma na nazwisko Słowacka? / Czy Iza nazywa się Słowacka? • 2. Czy ona jest tłumaczką? • 3. Czy Iza jest Polką? • 4. Czy Tomek jest dyrektorem? • 5. Czy Tomek jest Anglikiem? • 6. Czy Tomek ma na nazwisko Wolski / Czy Tomek nazywa się Wolski?

Ex. 3 Nom. masc.: profesor, policjant, prezydent, dyrektor, Hiszpan, Szwajcar • Nom. fem.: aktorka, pani prezydent, reżyserka, Szwajcarka • Instr. masc.: aktorem, tłumaczem, reżyserem, nauczycielem, dyrektorem, Hiszpanem, Szwedem • Instr. fem.: panią profesor, tłumaczką, policjantką, nauczycielką, dyrektorką, Hiszpanką, Szwedką

Ex. 4 1. Autor obrazu „Mona Lisa" nazywa się Leonardo da Vinci. • 2. Steven Spielberg jest reżyserem. • 3. Nicole Kidman jest aktorką.

Ex. 5 1. Kim on jest? • 2. Kim on jest? • 3. Kim ona jest? • 4. Kim on jest? • 5. Kto to jest? • 6. Jak on ma na imię? • 7. Kim ona jest? • 8. Kto to jest?

Ex. 6 **masculine**: telefon, paszport, plac, sklep, autobus, parkometr, park, bilet, adres • **feminine**: szkoła, galeria, gazeta, kawiarnia, restauracja, taksówka, ambasada • **neuter**: rondo, muzeum, lotnisko

Ex. 7 Hiszpania, **hiszpański**, **po hiszpańsku** • Portugalia, portugalski, **po portugalsku** • Japonia, **japoński**, po japońsku • Ukraina, **ukraiński**, **po ukraińsku** • Grecja, grecki, **po grecku** • **Rosja**, **rosyjski**, po rosyjsku • Szwecja, **szwedzki**, **po szwedzku** • **Bułgaria**, bułgarski, **po bułgarsku** • Słowacja, **słowacki**, po słowacku • Polska, **polski**, **po polsku**

Ex. 8 1. Tak, mówię po angielsku. • 2. Nie, nie mówię po francusku. • 3. Nie, nie mówię po niemiecku. • 4. Tak, rozumiem po polsku.

Ex. 9 1. Pan Nowak ma na imię Piotr. • 2. Kasia jest nauczycielką. • 3. Nie, Piotr nie jest politykiem. Piotr jest adwokatem. • 4. Tak, Piotr mówi po angielsku.

Ex. 10 1. Co, u ciebie • 2. Dzień, Nazywam, miło, bardzo • 3. mówi, niemiecku • 4. nazywasz, francusku, nie mówię • 5. Rosjaninem, Polką

Ex. 11 imię i nazwisko: **Anna Kowalska** • zawód: **lekarka** • adres: **ul. Polna 60, 61-800 Poznań** • telefon: **(0-61) 820 15 38** • e-mail: **anna.kowalska@onet.pl**

Ex. 12 1- false • 2 – false • 3 – true • 4 – false • 5 – true • 6 – false • 7 – true

Ex. 13 1. Miło mi pana poznać. • 2. Jak masz na imię? • 3. Nazywam się Robert Nowacki. • 4. Czy mówisz po francusku? • 5. Jaki jest pani adres? • 6. Czy jest pan nauczycielem?

Ex. 14 1. dziewięć/dziesięć • 2. osiem • 3. jeden • 4. sześć • 5. dwa • 6. trzy • 7. pięć

Ex. 15 a) Nazywam się Marek Zieliński. Jestem studentem. Mówię po polsku. Mój telefon to 610 345 675. Mój adres e-mail to m.zielinski@wp.pl. b) To jest Barbara Kaczmarek. Ona jest tłumaczem. Ona mówi po polsku i francusku.

Lesson 2

Ex. 1 1. a • 2. b • 3. c • 4. a • 5. c • 6. c

Ex. 2 1. b • 2. c • 3. a • 4. a • 5. b • 6. c

Ex. 3 1. Ile lat ma twój mąż? • 2. Czy to jest pani dziecko? • 3. Twoja córka jest śliczna. • 4. Mój szef jest bardzo energiczny. • 5. Czy twoja dziewczyna ma długie włosy? • 6. Twoja znajoma nie jest sympatyczna.

Ex. 4 1. niski • 2. brzydki • 3. tęgi • 4. stary

Ex. 5 1. wysok**i**, przystojn**y** • 2. twoj**a**, ładn**a** • 3. mił**y** • 4. moj**e**, wysoki**e** • 5. twoj**e**, piękn**e**, eleganck**ie**

Ex. 6 1. T • 2. F • 3. F • 4. T • 5. T • 6. T • 7. F • 8. F

Ex. 7 1. mąż, żona • 2. brat, siostra • 3. matka, ojciec

Ex. 8 1. małżeństwo • 2. rodzeństwo • 3. rodzice

Ex. 9 1. ma • 2. macie • 3. mają • 4. masz • 5. ma • 6. masz

Ex. 10 1. dwoje • 2. jedno • 3. troje • 4. czworo

Ex. 11 1. Ładn**a** • 2. Dobr**e** • 3. Udan**y**

Ex. 12 1. moi • 2. twoje • 3. wasi • 4. nasi • 5. wasze • 6. nasza

Lesson 3

Ex. 1 telefon kontaktowy: **0 399 430 130** • Imię: **Michał** • Obywatelstwo: **polskie** • Miejsce ur. **Warszawa** • Kraj: **Polska** • Dzielnica: **Mokotów** • Ulica: **Puławska** • Miejscowość: **Warszawa**

Ex. 2 1. w Gdańsku • 2. w Moskwie • 3. w Pradze • 4. w Berlinie • 5. w Londynie • 6. w Hanowerze

Ex. 3 1. Wawel znajduje się w Krakowie. • 2. Wieża Eiffla jest w Paryżu. • 3. Moskwa znajduje się w Rosji. • 4. Porto znajduje się w Portugalii. • 5. Wiedeń jest w Austrii. • 6. Barcelona znajduje się w Hiszpanii.

Ex. 4 1. Prawda. Luwr znajduje się w Paryżu. • 2.Fałsz. Sagrada Familia jest w Barcelonie. • 3. Fałsz. Kreml jest w Moskwie. • 4. Fałsz. Etna znajduje się na Sycylii. • 5. Fałsz. Schiphol znajduje się w Amsterdamie. • 6. Prawda. Fiordy są w Norwegii

Ex. 5 1. Michał mieszka w Warszawie. • 2. Marta pracuje przy ulicy Kruczej.

Ex. 6 1. w • 2. w • 3. w, na • 4. w, na • 5. na • 6. na, w

Ex. 7 1. w fabryce • 2. w sypialni • 3. w kawiarni • 4. w restauracji • 5. w Australii • 6. na kolacji • 7. w dzielnicy • 8. w łazience • 9. w Petersburgu • 10. w firmie • 11. w kuchni • 12. w domu • 13. w Grecji • 14. w Tunezji • 15. na uniwersytecie • 16. na drodze • 17. w akademiku • 18. w centrum • 19. w biurze • 20. w Szwecji • 21. w teatrze • 22. w pokoju • 23. w pubie • 24. w pracy • 25. w Norwegii • 26. w Afryce • 27. w Monachium • 28. w Malezji • 29. na ulicy • 30. W Ameryce

Ex. 8 zaczynać: zaczynam, zaczyna, zaczynamy, zaczynacie, zaczynają • kończyć: kończę, kończysz, kończymy, kończycie, kończą • zajmować się: zajmujesz się, zajmuje się, zajmujemy się, zajmujecie się, zajmują się • znajdować się: znajduję się, znajdujesz się, znajduje się, znajdujemy się, znajdujecie się • parkować: parkuję, parkujesz, parkujemy, parkujecie, parkują • zapraszać: zapraszam, zapraszasz, zaprasza, zaczynamy, zaczynają • ćwiczyć: ćwiczę, ćwiczy, ćwiczymy, ćwiczycie, ćwiczą • dziękować: dziękujesz, dziękuje, dziękujemy, dziękujecie, dziękują • mówić: mówię, mówisz, mówi, mówicie, mówią • pytać: pytam, pytasz, pytamy, pytacie, pytają • gotować: gotujesz, gotuje, gotujemy, gotujecie, gotują • powtarzać: powtarzam, powtarzasz, powtarza, powtarzamy, powtarzacie

Ex. 9 1. W jakiej firmie pan pracuje? • 2. W jakiej dzielnicy pani mieszka? • 3. Na (przy) jakiej ulicy panowie mieszkają? • 4. Jak długo państwo mieszkają w Warszawie? • 5. Jak długo panie pracują w firmie „M&S"? • 6. Co pani robi?

Ex. 10 1. Co robicie w firmie „M&S"? • 2. Czym się zajmujecie? • 3. Czym zajmujesz się w firmie „M&S"? • 4. Czy masz czas dziś wieczorem? • 5. Z kim mieszkasz? • 6. Z kim pracujecie?

Ex. 11 1. W jakiej dzielnicy mieszka Michał? • 2. Przy jakiej ulicy pracuje Marta? • 3. W jakiej firmie pracuje Michał? • 4. Jak długo Marta mieszka w Warszawie? • 5. Co robi Michał? • 6. Gdzie mieszka Marta?

Ex. 12 1. Jak masz na imię? • 2. Jak masz na nazwisko? • 3. Ile masz lat? • 4. Gdzie mieszkasz? / W jakiej miejscowości mieszkasz? • 5. W jakiej dzielnicy mieszkasz? • 6. Przy (na) jakiej ulicy mieszkasz? • 7. Jaki jest twój numer telefonu? • 8. W jakiej firmie pracujesz?/ Gdzie pracujesz? • 9. Gdzie jest/znajduje się twoja firma? / Jaki adres ma twoja firma? • 10. Kim jesteś?

Ex. 13 lat, miesiące • lata, miesiące • lata, miesiące • rok, miesięcy • lat, miesięcy

Ex. 14 12 miesięcy, 52 tygodnie, 365 dni • 4 tygodnie, 31 dni lub 30 dni • 7 dni • 2 dni • 100 lat, 1200 miesięcy, 5200 tygodni, 36500 dni • 10 miesięcy, 41 tygodni, 287 dni • 2 miesiące, 10 tygodni, 70 dni

Lesson 4

Ex. 1 ulica • blok • blisko • tamten • obok • naprzeciwko • na prawo • na lewo • tam

Ex. 2 1. Ta ulica nazywa się Ekologiczna. • 2. Ten blok jest wysoki. • 3. Mój ulubiony sklep jest mały. • 4. Ten park jest duży i piękny. • 5. Szkoła jest na lewo. • 6. Metro jest tam.

Ex. 3 1. The museum is far away. • 2. Where is a good pub? • 3. Do you know where there's the cinema? • 4. Go straight ahead. • 5. Turn left. • 6. Excuse me, where is a shop near here?

Ex. 4 1. tramwajem • 2. na prawo • 3. poczta • 4. gdzie • 5. skręcić • 6. wie • 7. autobusowy

Ex. 5 1. ładny • 2. mały • 3. nowa • 4. handlowe • 5. wysoki • 6. brzydka • 7. duży • 8. stare

Ex. 6 1. samoloty • 2. poczta • 3. bilety • 4. parki • 5. ambasada • 6. ulice • 7. bankomat • 8. cukiernia • 9. apteki • 10. mieszkania • 11. światło

Ex. 7 1. duży park • 2. nowy samochód • 3. mała szkoła • 4. stare miasto • 5. wysoki budynek • 6. ładna ulica • 7. zielone światło • 8. drogi sklep

Ex. 8 SZ • CZ • Ó • RZ • SZ • J • Z • Y • C • SZ

Ex. 9 1. Dzień dobry, proszę na lotnisko. • 2. Czy to jest daleko? • 3. Czy wie pan, jak nazywa się lotnisko w Warszawie? • 4. Przepraszam, gdzie jest toaleta? • 5. Proszę iść prosto, a potem w prawo. (Proszę iść w prawo, a potem prosto.) • 6. Przepraszam, gdzie jest hotel Polonia?

Ex. 10 1. Proszę skręcić w prawo / w lewo. (Proszę iść prosto.) • 2. To jest Muzeum Narodowe. • 3. Tam jest Stare Miasto. • 4. Gdzie jest dworzec? • 5. Proszę skręcić w prawo. • 6. Proszę jechać autobusem. • 7. Proszę jechać tramwajem numer 9.

Ex. 11 1. jest • 2. jest • 3. są • 4. są • 5. jest • 6. są • 7. jest

Ex. 12 1. b) • 2. a) • 3. b) • 4. c) • 5. c) • 6. b) • 7. a) • 8. c)

Ex. 13

sg. praes.	conjugation 1	conjugation 2	conjugation 3	conjugation 4
(ja)	piję, staję	chodzę, uczę się	oglądam, czytam	jem, wiem
(ty)	pijesz, wstajesz	chodzisz, uczysz się	oglądasz, czytasz	jesz, wiesz
(on, ona, ono)	pije, wstaje	chodzi, uczy się	ogląda, czyta	je, wie

Lesson 5

Ex. 1 A. wspinaczka wysokogórska • B. żeglarstwo • C. jazda konna • D. joga • E. taniec towarzyski • F. tenis

Ex. 2 1. golf • 2. skoki narciarskie • 3. tenis • 4. piłka nożna • 5. łyżwiarstwo figurowe • 6. formuła 1 • 7. siatkówka • 8. koszykówka • 9. szachy • 10. pływanie

Ex. 3 1. w tenisa • 2. w koszykówkę • 3. w piłkę nożną • 4. w siatkówkę • 5. w hokeja • 6. w futbol

Ex. 4 1. lubi • 2. interesuje się • 3. interesuje się • 4. lubi • 5. lubicie • 6. lubi • 7. interesuje się • 8. lubi • 9. lubi • 10. interesuje się • 11. interesuje się • 12. lubię

Ex. 5 Beata interesuje się: socjologią, boksem, Szekspirem, komunizmem, nurkowaniem; • Daniel interesuje się: fotografowaniem, Beckettem, reklamą, siatkówką, hipiką; • Zofia interesuje się: ogrodnictwem, malarstwem, bilardem, koszykówką, archeologią;

Ex. 6 Beata lubi: socjologię, boks, komunizm, nurkowanie; • Daniel lubi: fotografowanie, reklamę, siatkówkę, hipikę; • Zofia lubi: ogrodnictwo, malarstwo, bilard, koszykówkę, archeologię;

Ex. 7 1. – • 2. + • 3. – • 4. + • 5. – • 6. + • 7. + • 8. – • 9. + • 10. – • 11. – • 12. +

Ex. 8 zaczynać: zaczynałam, zaczynała, zaczynałyśmy, zaczynałyście, zaczynały • kończyć: kończyłam, kończyłaś, kończyłyśmy, kończyłyście, kończyły • zajmować się: zajmowałaś się, zajmowała się, zajmowałyśmy się, zajmowałyście się, zajmowały się • znajdować się: znajdowałam się, znajdowałaś się, znajdowała się, znajdowałyśmy się, znajdowałyście się •

mówić: mówiłem, mówiłeś, mówił, mówiliście, mówili • pytać: pytałem, pytałeś, pytaliśmy, pytaliście, pytali • gotować: gotowałem, gotowałeś, gotował, gotowaliśmy, gotowaliście, gotowali • grać: grałem, grałeś, grał, graliśmy, graliście • umieć: umiałem, umiałeś, umiał, umieliście, umieli • lubić: lubiłem, lubiłeś, lubiliśmy, lubiliście, lubili • myśleć: myślałeś, myślał, myśleliśmy, myśleliście, myśleli • powtarzać: powtarzałem, powtarzałeś, powtarzał, powtarzaliśmy, powtarzaliście

Ex. 9 mieszkałam • studiowałam • miała • tańczyła • studiował • budował

Ex. 10 Ania: piła, czytała, pisała, rozmawiała, dzwoniła, miała, wracała, pracowała; • Konrad: wysyłał, wychodził, robił, słuchał, telefonował, oglądał, pił

Lesson 6

Ex. 1 1. środa, czwartek • 2. niedziela, poniedziałek • 3. wtorek, środa • 4. czwartek, piątek • 5. sobota, niedziela • 6. poniedziałek, wtorek, środa

Ex. 2 12:00 – południe • 15:00 – popołudnie • 07:00 – ranek • 21:00 – wieczór • 17:00 – popołudnie • 24:30 – noc

Ex. 3 1. a) • 2. b) • 3. a) • 4. b) • 5. a)

Ex. 4 1. w środę wieczorem • 2. w czwartek w południe • 3. w sobotę rano • 4. w niedzielę po południu • 5. we wtorek wieczorem • 6. dzisiaj w południe • 7. wczoraj w nocy

Ex. 5 1. mogę • 2. może • 3. możesz • 4. muszę • 5. Musisz • 6. musi • 7. chcę • 8. chcesz • 9. chce

Ex. 6

1. – Jaki dzisiaj jest dzień? Wtorek?

– Nie. Dzisiaj jest środa.

– Na pewno?

– Na pewno. Wtorek był wczoraj.

2. – Aniu, co robisz w sobotę?

– Mam ważne spotkanie.

– A wieczorem?

– Wieczorem chcę iść do kina.

3. – Cześć, mówi Adam. Czy możesz teraz rozmawiać?

– Tak, mogę.

4. – Jestem gotowa. Możemy już iść?

– Chwileczkę, muszę zatelefonować.

– Nie możesz zatelefonować później?

– Nie mogę. Muszę odwołać spotkanie z klientem.

5. – Co chcesz robić jutro po południu?

– Chcę iść na zakupy. A ty?

– Chcę iść na siłownię.

Ex. 7 1. Dokąd chcecie jechać na urlop? • 2. Czy musimy iść na to spotkanie? • 3. Co oni chcą robić wieczorem? • 4. Czy mogą państwo przetłumaczyć ten tekst? • 5. Czy możemy już iść do domu? • 6. Czy musicie teraz oglądać telewizję?

Ex. 8 1. W sobotę wieczorem chcę iść do kina. • 2. Po południu muszę zrobić zakupy. • 3. Niestety nie możemy spotkać się we wtorek. • 4. Chcę odwołać spotkanie. • 5. Czy mogę rozmawiać z panem dyrektorem? • 6. Muszą państwo iść prosto, a potem skręcić w lewo.

Ex. 9 szósta rano • dziesiąta rano • dwunasta w południe • czwarta po południu • siedemnasta • dziewiętnasta trzydzieści • dwudziesta pierwsza • dziesiąta wieczorem • dwunasta w nocy

Ex. 10 1. O której (godzinie) możemy się spotkać? • 2. O której (godzinie) otwierają sklepy? • 3. O której (godzinie) jest ostatnie metro? • 4. Która godzina jest teraz w Pekinie? • 5. O której (godzinie) jest ekspres do Gdańska? • 6. Która jest godzina?

Ex. 11

Cześć, jesteś wolna/-y dzisiaj wieczorem? Może się spotkamy? O 20:30 w klubie „Vinho Verde" jest koncert muzyki fado. Czekam na wiadomość, pozdrawiam – Adam/Ewa

Ex. 12 1. P • 2. F • 3. P • 4. F • 5. P • 6. P • 7. F • 8. P • 9. P • 10. F

Ex. 13 Dzisiaj mam dużo pracy. • Spotkamy się o ósmej. • Niestety, jestem zajęty. • Jest szósta rano. • Nie mam czasu. • Może spotkamy się w weekend?

Ex. 14 1. Czy • 2. O której godzinie • 3. Gdzie • 4. Czy • 5. Kiedy • 6. Która godzina?

Ex. 15

P: O ósmej jest impreza w „Rocco". (8)

A: Mogę, jestem już w domu. (3)

P: W „Rocco" o ósmej piętnaście. Na razie! (10)

A: Halo. (1)

P: Co robisz dziś wieczorem? (4)

A: Jeszcze nie wiem. (5)

P: Może się spotkamy? Masz czas o ósmej? (6)

A: Świetne miejsce. To gdzie i o której się spotkamy? (9)
P: Cześć, mówi Piotr. Możesz rozmawiać? (2)
A: A co jest o ósmej? (7)
A: Na razie! (11)

Lesson 7

Ex. 1 1. od, do • 2. O • 3. do • 4. od, do • 5. W, do • 6. O, z

Ex. 2 P – nr 1, 3, 8 • F – nr 2, 4, 5, 6, 7, 9, 10, 11

Ex. 3 jestem • pracuję • mam • wstaję • myję się • jem • piję • jadę • pracuję • mam • spotykam się • umawiam się • wracam • jem • oglądam • idę/chodzę spać

Ex. 4 1. brudas • 2. pracoholik • 3. alkoholik • 4. playboy • 5. aktor • 6. kucharz • 7. kinoman • 8. pedant

Ex. 5 1. często/codziennie • 2. nigdy • 3. zawsze/zwykle/często/codziennie • 4. często/zawsze • 5. nigdy • 6. rzadko

Ex. 6 1. chodzę • 2. idziemy • 3. chodzisz • 4. chodzi • 5. idzie • 6. idą • 7. chodzicie • 8. idę

Ex. 7 1. Najpierw Jan chciałby jechać do sklepu. • 2. Jan chciałby kupić nowe buty. • 3. Jeszcze nie ma. • 4. Po południu. • 5. Idą do kina. • 6. Idą do kina na dwudziestą.

Ex. 8 1. chciałby • 2. chciałyby • 3. chcieliby • 4. chciałabyś • 5. chcielibyście • 6. chciałyby • 7. chciałbym / chciałabym • 8. chciałaby

Ex. 9 1. domu • 2. szkoły • 3. pracy • 4. biura • 5. ambasady • 6. pubu • 7. Polski • 8. Francji • 9. metra • 10. skrzyżowania • 11. biura • 12. gabinetu.

Ex. 10 1. do ambasady • 2. do Grecji • 3. do kiosku • 4. do klubu • 5. do banku • 6. do restauracji • 7. do parku.

Ex. 11 1. odwołać • 2. zapytać • 3. zarezerwować • 4. zamówić • 5. iść, odebrać • 6. zapłacić • 7. umówić • 8. iść • 9. zamówić

Ex. 12 1. zamówić • 2. odwołać • 3. zarezerwować • 4. zarezerwować • 5. zamówić • 6. umówić się.

Ex. 13 1. zamówić taksówkę • 2. zarezerwować stolik • 3. umówić się na spotkanie • 4. odwołać spotkanie • 5. zapisać się na wizytę • 6. płacić rachunek • 7. płacić kartą kredytową • 8. zapytać o cenę

Ex. 14 1. sześćdziesiąt złotych. • 2. osiemset pięćdziesiąt złotych. • 3. siedemset dwadzieścia złotych. • 4. dwieście złotych. • 5. trzysta złotych. • 6. pięćset czterdzieści złotych. • 7. czterysta sześćdziesiąt osiem złotych.

Ex. 15 1. do domu • 2. kartą • 3. wizytę • 4. pizzę • 5. szkoły • 6. rezerwację • 7. centrum

Ex. 16 1. lekarz • 2. rezerwować • 3. kasa • 4. wizyta • 5. zakupy

Ex. 17 1. d • 2. f • 3. a • 4. h • 5. b • 6. c • 7. e • 8. g

Ex. 18 1. którą • 2. godzinę • 3. czy • 4. czy • 5. ile • 6. ile

Lesson 8

Ex. 1 1. Nie masz trudnego charakteru. • 2. Nie lubię Karoliny i Roberta. • 3. Pani Ela nie gotuje zupy. • 4. Kolega nie ogląda kabaretu. • 5. Koleżanka nie czyta książki. • 6.Nie robimy prezentacji. • 7. Nie pijesz wina? • 8. Państwo Nowakowie nie jedzą pizzy • 9. Jutro nie zwiedzamy Paryża. • 10. Nie rozumieją państwo pytania? • 11. Nie mam brata. • 12. Karol nie widzi kota.

Ex. 2 1. poniedziałku • 2. komputera • 3. gazety • 4. telewizję • 5. Tomasza • 6. chleb • 7. profesora • 8. szynki • 9. roweru • 10. samochodu • 11. Annę • 12. Anny

Ex. 3 1. dyrektora • 2. sąsiada • 3. aktora • 4. koleżanki • 5. Iwony • 6. Marcina • 7. pracownika • 8. inżyniera • 9. Adama Mickiewicza • 10. Davida Lyncha • 11. Patryka

Ex. 4 1 • 3 • 4 • 5 • 6

Ex. 5 jego/go • jego/go • je • je • go • ją

Ex. 6 1. dłuższa • 2. ładniejsza • 3. większa • 4. tańsze • 5. lepsza • 6. starsza

Ex. 7 1. brzydszy • 2. ambitniejsza • 3. popularniejszy • 4. zdrowsze • 5. piękniejsza • 6. inteligentniejszy • 7. większa • 8. mniejsza • 9. gorszy • 10. lepsza

Ex. 8 1. przygotowany • 2. inteligentna • 3. bogate • 4. biedny • 5. drogi • 6. tania • 7. nerwowe • 8. profesjonalna • 9. ciekawe • 10. dobra

Ex. 9 1. niż • 2. od • 3. od • 4. niż • 5. od • 6. niż • 7. od • 8. niż • 9. od • 10. niż

Ex. 10 1. + • 2. + • 3. + • 4. – • 5. – • 6. – • 7. – • 8. – • 9. + • 10. +

Ex. 11 1. kim • 2. kim • 3. kogo • 4. czego • 5. czego • 6. co • 7. czego • 8. co • 9. kto • 10. z kim • 11. o czym • 12.czym

Ex. 12 1. kto • 2. kogo • 3. kim • 4. kogo • 5. kogo • 6. co • 7. kto (lubi-sg.) • 8. z czym • 9. czego • 10. kogo • 11. co • 12.kogo

Lesson 9

Ex. 1 1. Dokąd jedziesz na urlop? • 2. Na jak długo jedziesz? • 3. Z kim jedziesz? • 4. Czym jedziesz? • 5. Gdzie będziesz nocować? • 6. Dlaczego będziesz wcześnie wstawać? • 7. Co będziesz robić przez dwa tygodnie? • 8. Dlaczego nie będziesz oglądać telewizji?

Ex. 2 1. Dokąd państwo jadą na urlop? • 2. Na jak długo państwo jadą? • 4. Czym państwo jadą? • 8. Dlaczego państwo nie będą oglądać telewizji?

Ex. 3 1. Jeśli będzie padać, będę chodzić do kawiarni. • 2. Jeśli będzie zimno, będę jeździć konno. • 3. Jeśli będzie ciepło, będę pływać. • 4. Jeśli będzie ładna pogoda, będę chodzić na plażę.

Ex. 4 1. pójdziesz • 2. pójdziecie • 3. pójdziemy • 4. pójdę • 5. pójdą • 6. pójdzie

Ex. 5 1. pojedziemy • 2. pojadę • 3. pojadę • 4. pojedziesz • 5. pojedzie • 6. pojedziecie

Ex. 6 1. a • 2. b • 3. b • 4. a • 5. a • 6. b

Ex. 7 1. a • 2. b • 3. a • 4. b • 5. c • 6. d

Ex. 8 1. Czy można zarezerwować bilet przez Internet? • 2. Gdzie tu można zjeść obiad? • 3. Czy trzeba podać NIP? • 4. Czy można zapłacić kartą Visa? • 5. Czy trzeba zarezerwować hotel wcześniej?

Ex. 9 Jeśli chcesz chodzić po górach, musisz mieć dobre buty. • Jeśli nie chcesz spać na plaży, musisz zarezerwować hotel. • Jeśli nie chcesz się nudzić, musisz zorganizować sobie czas. • Jeśli chcesz mieć ciekawy urlop, musisz dobrze go zaplanować.

Ex. 10 1. b • 2. a • 3. b • 4. b • 5. b • 6. a • 7. b • 8. a

Ex. 11 1. warto • 2. warto • 3. trzeba • 4. warto • 5. można • 6. można

Ex. 12 1. w maju, w czerwcu • 2. we wrześniu, w październiku • 3. w lutym • 4. w listopadzie, w grudniu, w styczniu • 5. w lipcu, w sierpniu • 6. w marcu, w kwietniu

Lesson 10

Ex. 1 1. Kim był jego ojciec? • 2. Kim była matka Chopina? • 3. Kiedy rozpoczął studia? • 4. Gdzie zamieszkał w 1829 roku? • 5. Czym interesował się kompozytor? • 6. Kiedy zmarł Fryderyk Chopin?

Ex. 2 1. Fryderyk Chopin urodził się w tysiąc osiemset dziesiątym roku, a zmarł w tysiąc osiemset czterdziestym dziewiątym roku. • 2. Maria Skłodowska-Curie urodziła się w tysiąc osiemset sześćdziesiątym siódmym roku, a zmarła w tysiąc dziewięćset trzydziestym czwartym roku. • 3. Matka Teresa z Kalkuty urodziła się w tysiąc dziewięćset dziesiątym roku, a zmarła w tysiąc dziewięćset dziewięćdziesiątym siódmym roku. • 4. Adam Mickiewicz urodził się w tysiąc siedemset dziewięćdziesiątym ósmym roku, a zmarł w tysiąc osiemset pięćdziesiątym piątym roku.

Ex. 3 1. zjadł • 2. wypił • 3. przeczytał • 4. obejrzał • 5. zrobił

Ex. 4 1. przeczytałem/przeczytałam • 2. oglądali • 3. uczyłyśmy się • 4. pisałam • 5. ugotowała • 6. wrócił • 7. rozmawiała • 8. kupiłem/kupiłam • 9. poszli • 10. obudziłam się

Ex. 5 1. Jak pan się nazywa? • 2. Gdzie pan mieszka? • 3. Czy pan teraz pracuje? • 4. Gdzie pan wcześniej pracował? • 5. Jak długo pracował pan w banku? • 6. Co pan studiował? • 7. Czym pan się interesuje? • 8. Co robi pan w wolnym czasie? • 9. Jaki jest pana numer telefonu? • 10. Dziękuję bardzo.

Lesson 11

Ex. 1 1. za godzinę, za trzy godziny, za kilka godzin • 2. za tydzień, za dwa tygodnie, za pięć tygodni • 3. za miesiąc, za cztery miesiące, za sześć miesięcy • 4. za rok, za dwa lata, za sto lat

Ex. 2 1. za rok = w przyszłym roku, w następnym roku • 2. za miesiąc = w przyszłym miesiącu, w następnym miesiącu • 3. za tydzień = w przyszłym tygodniu, w następnym tygodniu • 4. w następny weekend = w przyszły weekend • 5. w następną sobotę = w przyszłą sobotę • 6. w przyszłą środę = w następną środę • 7. zaraz = za chwilę • 8. za sześć miesięcy = za pół roku • 9. za sześćdziesiąt minut = za godzinę • 10. za dwadzieścia cztery godziny = jutro

Ex. 3 Imperfect verbs: grać, spotykać się, płacić, dzwonić, pisać, czytać, iść, kupować, pić, jeść, uczyć się • Perfect verbs: zagrać, spotkać się, zapłacić, zadzwonić, napisać, przeczytać, pójść, kupić, wypić, zjeść, nauczyć się

Ex. 4 1. Harrison Ford: e) • 2. Bill Gates: f) • 3. Joanne K. Rowling: d) • 4. Steven Spielberg: a) • 5. Madonna: b) • 6. Ronaldo: c)

Ex. 5 zrobisz, kupię mieszkanie, zmienię kolor włosów, pojadę na wakacje do Grecji.

Ex. 6 1. + • 2. – • 3. + • 4. – • 5. – • 6. + • 7. + • 8. – • 9. + • 10. – • 12. +

Ex. 7 1. spotkam się • 2. kupisz • 3. zda, pojedzie • 4. czyta • 5. piszą • 6. ożeni się • 7. zmienię • 8. szukam • 9. pije (1), wypije (2) • 10. przygotują • 11. pójdziemy • 12. skończycie

Ex. 8 1. a) pójdę do sklepu i zrobię zakupy. • 2. a) pójdę spać, a raport napiszę jutro. • 3. a) zmienię pracę. • 4. a) zaproponuję mu pożyczkę. • 5. b) poszukam inteligentnego pretekstu do rozmowy. • 6. b) kupię nowy telefon.

Ex. 9 1. (ty) rzucisz, (on, ona) rzuci • 2. (ty) skończysz, (on, ona) skończy • 3. (ty) zakochasz się, (on, ona) zakocha się • 4. (ty)wyjdziesz za mąż/ożenisz się, (ona) wyjdzie za mąż, (on) ożeni się • 5. (ty) zdasz, (on, ona) zda • 6. (ty) zmienisz, (on, ona) zmieni • 7. (ty) zarobisz, (on, ona) zarobi • 8. (ty) pojedziesz, (on, ona) pojedzie • 9. (ty) awansujesz, (on, ona) awansuje • 10. (ty) nauczysz się, (on, ona) nauczy się

Ex. 10 1. Wczoraj premier spotkał się z dziennikarzami. • 2. Tydzień temu skończyłem remont mieszkania. • 3. Rok temu Paweł i Magda pojechali na urlop do Włoch. • 4. Kilka miesięcy temu Ewa urodziła dziecko. • 5. Przedwczoraj zarezerwowałeś bilety na samolot. • 6. Kilka lat temu państwo Nowakowie kupili dom na wsi. • 7. Godzinę temu zjadłaś obiad. • 8. Dwa lata temu przeprowadziliśmy się do Krakowa.

Ex. 11 1. kilka minut • 2. za kilka dni • 3. w przyszłym roku • 4. w następną środę • 5. Kiedy się zobaczymy? • 6. Szkoda, że nie masz dzisiaj czasu. • 7. Czy zje pani ze mną kolację? • 8. Może pójdziemy do kina? • 9. Chciałbym/chciałabym się z tobą spotkać.

Ex. 12 1. Kiedy • 2. Czy • 3. Co • 4. Czego • 5. Dokąd • 6. Kiedy • 7. Gdzie • 8. Czy • 9. Jakie

Lesson 12

Ex. 1 1. Moje imieniny są dwunastego lutego. • 2. Moje urodziny są piątego kwietnia. • 3. Dzień Matki jest dwudziestego szóstego maja. • 4. Dzień Dziecka jest pierwszego czerwca. • 5. Dzień Kobiet jest ósmego marca. • 6. Wigilia jest dwudziestego czwartego grudnia.

Ex. 2 1. Dziękuję. • 2. Przepraszam. Nic nie szkodzi. • 3. Nie ma za co. • 4.Nawzajem.

Ex. 3 1. Zapraszam cię do muzeum na wystawę. • 2. Zapraszam pana do filharmonii na koncert. • 3. Zapraszam was do kina na film. • 4. Zapraszam panią do kawiarni na kawę.

Ex. 4 masculine: garnitur, krawat, płaszcz, kapelusz, sweter • feminine: marynarka, koszula, sukienka, spódnica, czapka, bluzka • neuter: ubranie

Ex. 5 żółty jak słońce • zielony jak trawa • niebieski jak niebo • czerwony jak burak • biały jak śnieg • czarny jak noc

Ex. 6 1. W restauracji nie ma gości. • 2. W mieszkaniu nie ma stołów, krzeseł i łóżek. • 3. W tym bloku nie ma wind. • 4. W centrum handlowym nie ma barów. • 5. Przed hipermarketem nie ma parkingów.

Ex. 7 1. Nie znam dobrze tych kobiet. • 2. Dziś nie kupiłem jajek i pomidorów. • 3. Nie widzę tych panów. • 4. W kiosku nie ma biletów.

Ex. 8 1. Przed domem stoi **mnóstwo samochodów**. • 2. **Mało dzieci** spaceruje po parku. • 3. **Kilka kobiet** jest w kawiarni. • 4. **Wiele jabłek** jest zgniłych. • 5. W zoo było **niewiele małp**.

Ex. 9 studentów • Anglików • Niemców • Włochów • Hiszpanów • Francuzów • Japończyków • Czechów • Słowaków

Ex. 10 1. **sześć** kobiet i **ośmiu** mężczyzn. • 2. **dziesięć** samochodów. • 3. **trzech** dyrektorów. • 4. **trzynastu** uczniów. • 5. **Dwóch** kolegów. • 6. **pięciu** klientów. • 7. **sześć** drzew.

Polish-English Dictionary

A

a *coni.* – and, or
ach *inter.* – ah
adres *m* – address
adres *m* **e-mail** – e-mail address
adres *m* **zamieszkania** – home address
adwokat *m* – lawyer, barrister, solicitor
Afryka *f* – Africa
akademik *m* – student hall
aktor *m* – actor
aktorka *f* – actress
aktywny *adi.* – active
akwarium *n* – aquarium
album *m* – album
ale *coni.* – but
aleja *f*; *abbr.* **al.** – avenue
alkohol *m* – alcohol
alkoholik *m* – alcoholic
ambasada *f* – embassy
ambitny *adi.* – ambitious
Amerykanin *m* – American
Angielka *f* – English
angielski *adi.* – English
Anglia *f* – England
Anglik *m* – English
apetyt *m* – appetite
apteka *f* – chemist, pharmacy
archeologia *f* – archaeology
asystentka *f* – assistant
atrakcja *f* – attraction, highlight
autobus *m* – bus
autor *m* – author
awans *m* – promotion
awansować *v imperf./perf.* – to be promoted

B

babcia *f* – grandmother
bagaż *m* – luggage
banan *m* – banana
bank *m* – bank
bankomat *m* – cash machine
bar *m* – bar
bardzo *adv.* – very
bawić się *v imperf.* – to play
bez *praep.* – without
beżowy *adi.* – beige
biały *adi.* – white
biblioteka *f* – library
biedny *adi.* – poor
biegać *v imperf.* – to run
bilard *m* – pool, billiard
bilet *m* – ticket
biurko *n* – desk
biuro *n* – office
biuro *n* **podróży** – travel agency
blisko *adv.* – close, near
blog *m* – blog
blok *m* – block of flats

bluzka *f* – top
bo *conj.* – because
boisko *n* – pitch
brać *v imperf.* – to take
brat *m* – brother
bratowa *f* – sister-in-law
brudas *m* – slovenly person
brzeg *m* – side, bank, shore
brzeg *m* **morza** – seashore
brzmieć *v imperf.* – to sound
brzydki *adj.* – ugly
budować *v imperf.* – to build
budynek *m* – building
budzić się *v imperf.* – to wake up
Bułgaria *f* – Bulgaria
bułgarski *adj.* – Bulgarian
burak *m* – beetroot
but *m* – shoe
być *v imperf.* – to be
być w dobrej kondycji – to be in good shape

C

cały *adj.* – whole, all
cały czas – all the time
cena *f* – price
centrum *n* – centre
centrum *n* **handlowe** – shopping centre
centymetr *m* – centimetre
chaotyczny *adj.* – chaotic
chcieć *v imperf.* – to want
chętnie *adv.* – eagerly
chleb *mi* – bread
chłodno *adv.* – chilly
chłodny *adj.* – chilly
chłopak *m* – boy, boyfriend
chodzić *v imperf.* – to walk
chodzić na siłownię – to go work out
chorować *v imperf.* – to be ill
chory *adj.* – ill
chwila *f* – moment
ciekawy *adj.* – interesting
ciemny *adj.* – dark
ciepło *adv.* – warm
ciepły *adj.* – warm
cierpieć; nie cierpieć *v imperf.* – to suffer; to hate
cieszyć się *v imperf.* – to be happy
co *pron.* – what
codziennie *adv.* – every day
córka *f* – daughter
cóż *part.* – well
cudownie *adv.* – wonderfully
cudowny *adj.* – wonderful
cukierek *m* – candy
cukiernia *f* – confectionery
czapka *f* – cap, hat
czarny *adj.* – black
czas *m* – time
czasami *adv.* – sometimes
czasem *adv.* – sometimes
Czech *m* – Czech
czekać *v imperf.* – to wait
czekolada *f* – chocolate
czerwiec *m* – June
czerwony *adj.* – red
często *adv.* – often
człowiek *m* – person, human (being)
cztery *num.* – four
czwartek *m* – Thursday
czyj *pron.* – whose
czyli *conj.* – so
czytać *v imperf.* – to read

Ć

ćwiczyć *v imperf.* – to exercise

D

dalej *adv.* – next
Daleki Wschód *n* – Far East
daleko *adv.* – far away

data *f* – date
data *f* **urodzenia** – date of birth
degustacja *f* **win** – wine-tasting
dekagram *m* – decagram
dentysta *m* – dentist
deskorolka *f* – skate board
deszcz *m* – rain
dieta *f* – diet
dlaczego *pron.* – why
długi *adi.* – long
długie włosy – long hair
długo *adv.* – long
długopis *m* – pen
dni *pl* – days
do *praep.* – to
doba *f* – day and night (24 hours)
dobry *adi.* – good
dobrze *adv.* – well, good
dodatkowy *adi.* – additional
doktorat *m* – PhD thesis
dokument *m* – document
dom *m* – house, home
dopiero *adv.* – only when
dorosły *adi.* – adult
dostęp *m* – access
doświadczony *adi.* – experienced
droga *f* – way
drogi *adi.* – expensive
drugi *num.* – second
drukarnia *f* – printing house
drzewo *n* – tree
duży *adi.* – big, large
dwa *num.* – two
dwoje *num.* **dzieci** – two children
dworzec *m* – station
dworzec *m* **kolejowy** – railway station
dyplom *m* – diploma, certificate
dyrektor *m* – director, general manager
dyrektor *m* **szkoły** – headteacher
dyrektorka *f* **szkoły** – headteacher
dywan *m* – carpet
dziadek *m* – grandfather, grandpa
dział *m* **handlowy** – sales department
działka *f* – summer house
dzieci *pl* – children, kids
dziecko *n* – child, kid
dzielnica *f* – district
dziennikarz *m* – journalist
dzień *m* – day
dziewczyna *f* – girl, girlfriend
dziewczynka *f* – girl, baby girl
dziesięć *num.* – ten
dziewięć *num.* – nine
dziękować *v imperf.* – to thank
dzisiaj *adv.* – today
dziś *adv.* – today
dzwonić *v imperf.* – to call
dżem *m* – jam

E

egzamin *m* – exam
eklektyczny *adi.* – eclectic
ekspedientka *f* – sales assistant
ekstremalny *adv.* – extreme
elegancki *adi.* – elegant
elektryczność *f* – electricity
energiczny *adi.* – energetic
etap *m* – stage
europejski *adi.* – European

F

fabryka *f* – factory, plant
fala *f* – wave
fantastyczny *adi.* – fantastic
filharmonia *f* – philharmonics
film *m* – movie, film
finansowy *adi.* – financial
firma *f* – company
formuła 1 *f* – formula one
fortepian *m* – piano
fotel *m* – armchair
fotografowanie *n* – photography

Francja *f* – France
Francuz *m* – French
Francuzka *f* – French
fryzjer *m* – hair dresser

G
gabinet *m* – study
galeria *f* – gallery
gałąź *f* – branch
garnitur *m* – suit
gazeta *f* – newspaper
gdy *conj.* – when
gdzie *pron.* – where
geograf *m* – geographer
geografia *f* – geography
gimnazjum *n* – lower-secondary school
gitara *f* – guitar
gładki *adj.* – plain
głęboki *adj.* – deep
głodny *adj.* – hungry
godzina *f* – hour
golf *m* – golf
gorąco *adv.* – hot
gorący *adj.* – hot
gość *m* – guest
gotować *v imperf.* – to cook
gotowy *adj.* – ready
gotówka *f* – cash
góra *f* – mountain
góry *pl* – mountains
grać *v imperf.* – to play
grać na fortepianie – to play the piano
grafika *f* **komputerowa** – computer graphics
gram *m* – gram
gratulować *v imperf.* – to congratulate
Grecja *f* – Greece
grecki *adj.* – Greek
grudzień *m* – December
grupowy *adj.* – group
gruźlica *f* – tuberculosis
grzebień *m* – comb
grzyb *m* – mushroom

H
halo *inter.* – hello [on the phone]
handlowy *adj.* – sales, trade
hawajski *adj.* – Hawaiian
hektar *m* – hectare
herbata *f* – tea
hipermarket *m* – hypermarket
hipika *f* – horse riding
historia *f* – history
Hiszpan *m* – Spaniard
Hiszpania *f* – Spain
Hiszpanka *f* – Spaniard
hiszpański *adj.* – Spanish
hokej *m* – hockey
hotel *m* – hotel
humor *m* – humour

I
i *conj.* – and
ich *pron.* – their
idealnie *adv.* – ideally, perfectly
ile *pron.* – how many, how much
imieniny *pl* – name day
imię *n* – first name
impreza *f* – party
informacja *f* – information
informatyk *m* – computer programmer
inteligentny *adj.* – bright, intelligent
intensywny *adj.* – intensive
interesować się *v imperf.* – to be interested
interesujący *adj.* – interesting
inwestować *m* – to invest
inżynier *m* – engineer
Irlandia *f* – Ireland
iść *v imperf.* – to go, to walk
iść prosto – to go straight

J

ja *pron.* – I, me
jabłko *n* – apple
jagoda *f* – blackberry
jajko *n* – egg
jak *pron.* – how
jak najszybciej – as soon as possible
jaki *pron.* – what
Japonia *f* – Japan
Japonistyka *f* – Japanese studies
Japonka *f* – Japanese
Japończyk *m* – Japanese
japoński *adi.* – Japanese
jasny *adi.* – light
jazda konna *f* – horse riding
jechać *v imperf.* – to go, to drive
jechać autobusem – to go by bus
jeden *num.* – one
jednak *coni.* – however, but, yet
jego *pron.* – his
jej *pron.* – her
jeszcze *adv.* – yet, still
jeszcze nie – not yet
jeszcze raz – once again
jeść *v imperf.* – to eat
jeśli *coni.* – if
jezioro *n* – lake
jeździć konno *v imperf.* – to ride a horse
jeżeli *coni.* – if
język *m* – language, tongue
joga *f* – yoga
jogurt *m* – yoghurt
jutro *adv.* – tomorrow
już *adv.* – already

K

kabaret *m* – cabaret
kaloryczny *adi.* – fattening
kamienica *f* – tenement house
kampania *f* – campaign
kanapka *f* – sandwich
kapelusz *m* – hat
karta *f* – card
karta kredytowa *v perf.* – credit card
karta *f* **pływacka** – swimming certificate
kawaler *m* – bachelor
kawiarnia *f* – café, coffee house
kąpać się *v imperf.* – to swim
kelner *m* – waiter
kelnerka *f* – waitress
kibic *m* – sport fan
kiedy *pron.* – when
kierowca *m* – driver
kilka *num.* – a few
kilogram *m* – kilogram
kilometr *m* – kilometre
kino *n* – cinema
kinoman *m* – cinema-goer
kiosk *m* – newsagent
klasa *f* – class
klient *m* – client
klub *m* – club
klub *m* **sportowy** – sports club
kobieta *f* – woman
kochać *v imperf.* – to love
kochanie *inter.* – darling
kod *m* – code
kod *m* **pocztowy** – postal code
kolacja *f* – dinner, supper
kolega *m* – friend
kolej *f*: **na kolei** – railway: on the railways
koleżanka *f* – friend
kolor *m* – colour
komfort *m* – comfort
komórka *f* – cell phone
komponować *v imperf.* – to compose
kompozytor *m* – composer
komputer *m* – computer
komunizm *m* – communism

koncert *m* – concert
kondycja *f* – shape, condition
koniec *m*: **w końcu** – end: in the end
koniecznie *adv.* – necessarily
konserwatorium *n* – conservatoire
kontakt *m* – contact
kontaktować się *v imperf.* – to contact
kontaktowy *adi.* – contact
kontrola *f* – control
kończyć *v imperf.* – to end, to finish
korek *m* – cork; traffic jam
korkociąg *m* – corkscrew
korporacja *f* – corporation
kort *m* **tenisowy** – tennis court
koszula *f* – shirt
koszykówka *f* – basketball
kościół *m* – church
kot *m* – cat
kraj *m* – country
kratka *f*: **w kratkę** – check: checked
krawat *m* – tie
kreatywny *adi.* – creative
kreska *f* – hyphen
kręgosłup *m* – spine
kropka *f* – dot
krzesło *n* – chair
książka *f* – book
księgarnia *f* – bookshop
kto *pron.* – who
który *pron.* – which, what, that
kucharz *m* – cook
kuchnia *f* – kitchen
kultura *f* – culture
kulturoznawstwo *n* – cultural studies
kupić *v perf.* – to buy
kupować *v imperf.* – to buy
kurs *m* – course
kurtka *f* – jacket
kwestionariusz *m* – questionnaire
kwiaciarnia *f* – florist's
kwiat *m* – flower
kwiecień *m* – April

L

las *m* – forest
lata *pl* – years
lekarka *f* – doctor
lekarz *m* – doctor
leniuch *m* – lazy person
lewy: na lewo *adv.* – left: on the left
leżeć *v imperf.* – to lie [position]
liceum *n* – high school, secondary school
lipiec *m* – July
listopad *m* – November
literatura *f* – literature
litr *m* – litre
lodówka *f* – fridge
lody *pl* – ice cream
logistyka *f* – logistics
lotnisko *n* – airport
loża *f* – box, lodge
lubić *v imperf.* – to like
luty *m* – February

Ł

ładnie *adv.* – pretty
ładny *adi.* – nice, pretty
łazienka *f* – bathroom
łączyć *v imperf.* – to connect
łóżko *n* – bed
łyżwiarstwo *n* **figurowe** – figure-skating
łyżwy *pl* – ice skates

M

maj *m* – May
malarstwo *n* – painting
malinowy *adi.* – raspberry
małpa *f* – monkey; "at", *pot.* @
mały *adi.* – small

małżeństwo *n* – marriage
mama *f* – mum
manipulować *v imperf.* – to manipulate
marchewka *f* – carrot
marketing *m* – marketing
marynarka *f* – jacket
marzec *m* – March
marzenie *n* – dream
marzyć *v imperf.* – to dream
masło *n* – butter
matka *f* – mother
mazurek *m* – mazurka
Mazury *pl* – Masuria
mądry *adi.* – smart
mąż *m* – husband
mecz *m* – match, game
meloman *m* – music lover
menedżer *m* – manager
metr *m* – metre
metro *n* – underground
mężatka *f* – married woman
mężczyzna *m* – man
miasto *n* – city, town
mieć *v imperf.* – to have
mieć ochotę – to feel like doing something
miejsce *n* – place
miejsce *n* **urodzenia** – place of birth
miejscowość *f* – town
miesiąc *m; abbr.* **m-c** – month
mieszkać *v imperf.* – to live
mieszkanie *n*; *abbr.* **m** – flat
międzynarodowy *adi.* – international
mięso *n* – meat
miło *adv.* – nice
miłość *f* – love
miły *adi.* – nice
miód *m* – honey
młoda para *f* – newlyweds
młody *adi.* – young
mnóstwo *n* – plenty
modny *adi.* – fashionable
moim zdaniem – in my opinion
morderstwo *m* – murder
morski *adi.* – sea
morze *n* – sea
most *m* – bridge
może *part.* – maybe
możliwy *adi.* – possible
można *praed.* – one can, it is possible
móc *v imperf.* – can, to be able
mój *pron.* – my, mine
mówić *v imperf.* – to speak
mówić po angielsku – to speak English
mówić po hiszpańsku – to speak Spanish
mówić po japońsku – to speak Japanese
mówić po rosyjsku – to speak Russian
mówić po szwedzku – to speak Swedish
musieć *v imperf.* – to have to, must
muszla *f* – shell
muzeum *n* – museum
Muzeum *n* **Narodowe** – National Museum
muzyczny *adi.* – music
muzyka *f* – music
muzyka *f* **ludowa** – folk music
myć się *v imperf.* – to wash
mysz *f* – mouse
myślnik *m* – hyphen

N

na *praep.* – on
na pewno *part.* – for sure
na stałe *part.* – for good
na szczęście *part.* – fortunately, luckily
nad *praep.* – over
nadal *adv.* – still
nagroda *f* – prize, award

najpierw *adv.* – first
najszybciej *adv.* – fastest
największy *adi.* – the biggest, the greatest
najwybitniejszy *adi.* – the greatest, the most outstanding
napisać *v perf.* – to write
naprawdę *part.* – really
naprzeciwko *adv.* – opposite
narodowy *adi.* – national
narodziny *pl* – birth
naród *m* – nation
narty *pl* – skis
narzeczona *f* – fiancée
narzeczony *m* – fiancé
następny *adi.* – next, following
następujący *adi.* – following
nasz *pron.* – our
nauczyciel *m* – teacher
nauczycielka *f* – teacher
nauczyć się *v perf.* – to learn
nawet *adv.* – even
nazwisko *n* – surname
nazywać się *v imperf.* – to be called
nerwowy *adi.* – nervous
nic *pron.* – nothing
nie *part.* – no
niebieski *adi.* – blue
niebieskie *adi.* **oczy** – blue eyes
niebo *n* – sky
niedaleko *adv.* – not far
niedługo *adv.* – soon
niedziela *f* – Sunday
Niemcy *pl* – Germany; Germans
Niemiec *m* – German
Niemka *f* – German
Niemki *fpl* – Germans
nienawidzić *v imperf.* – to hate
niepalący *adi.* – non-smoking
niestety *inter.* – unfortunately
nieważny *adi.* – unimportant
niewiele *adv.* – not many
niewyspany *adi.* – sleepy
niezależny *adi.* – independent
nieznajoma *f* – stranger
nieznajomy *m* – stranger
nieźle *adv.* – not bad
nigdy *adv.* – never
NIP *abbr.* – tax identification number (numer identyfikacji podatkowej)
niski *adi.* – short, low
niż *coni.* – than
noc *f*: **w nocy** – night: at night
nocować *v imperf* – to stay over
nowy *adi.* – new
nóż *m* – knife
nucić *v imperf* – to hum
nudzić się *v imperf* – to be bored
numer *m*; *abbr.* **nr** – number
nurkować *v imperf.* – to dive
nurkowanie *n* – scuba diving

O

o *praep.* – about, at
obecnie *adv.* – currently
obejrzeć *v perf.* – to watch
obiad *m* – lunch, dinner
obok *adv.* – next to
obowiązkowy *adi.* – obligatory
obraz *m* – painting, picture
obserwować *v imperf.* – to watch
obudzić się *v perf.* – to wake up
obywatelstwo *n* – nationality
ocean *m* – ocean
ochota *f* – willingness
oczy *pl* – eyes
oczytany *adi.* – well-read
oczywiście *adv.* – of course
od *praep.* – from
od czasu do czasu – from time to time
od rana do wieczora – from morning till the evening

od...do *praep.* – from...to
odbierać *v imperf.* – to collect
odbywać się *v imperf.* – to take place
odcinek *m* – section; episode
odczyt *m* – lecture
odebrać *m* – to collect
odpocząć *v perf.* – to rest
odpoczywać *v imperf.* – to rest
odpowiedź *f* – answer, reply
odważny *adi.* – courageous
odwołać *v perf.* – to cancel
odwołać spotkanie – to cancel a meeting
oficjalny *adi.* – official
oglądać *v imperf.* – to watch
oglądać telewizję *v imperf.* – to watch television
ogłoszenia *pl* **drobne** – classified ads
ogłoszenie *n* – advertising
ogórek *m* – cucumber
ogrodnictwo *n* – gardening
ogród *m* – garden
ojciec *m* – father
ojej! *inter.* – ouch!
okazja *f*: **z okazji** – occasion: on the occasion
okno *n* – window
oko *n* – eye
około *praep.* – around
on *pron.* – he
ona *pron.* – she
opalać się *v imperf.* – to tan
opanowany *adi.* – calm
opieka *f*: **bez opieki** – care: unattended
opowiadać *v imperf.* – to describe, to tell about
opowiedzieć *v perf.* – to describe, to tell about
oprowadzać *v imperf.* – to show around
optymista *m* – optimist
optymistka *f* – optimist
organizować *v imperf.* – organize
osiem *num.* – eight
osoba *f* – person
osobisty *adi.* – personal
osobowy *adi.* – personal
ostatni *adi.* – last
ożenić się *v perf.* – to marry (a woman)

Ó

ósmy *num.* – the eight

P

padać *v imperf.* (**Pada deszcz.**) – to rain (It's raining.)
pamiętać *v imperf.* – to remember
pan *m* – Mr, Sir
pani *f* – Ms, Mrs, Madam
panna *f* – umarried woman
państwo *pron.* – Mr and Mrs
paralotnia *f* – paraglide
parapetówka *f* – house warming party
parę *num.* – a few
park *m* – park
parking *m* – parking lot
parkować *v imperf.* – to park
pasażer *m* – passenger
pasek *m*: **w paski** – stripe: striped
pasja *f* – passion
pasować *v imperf.* – suit, match, go well with
paszport *m* – passport
patrzeć *v imperf.* – to look
październik *m* – October
pedant *m* – pedant
pensjonat *m* – guest house
personalny *adi.* – personal
perkusja *f* – drums
PESEL *abbr.* – personal identification number

pesymista *m* – pessimist
pesymistka *f* – pessimist
pewny *adj.* – sure
pianista *m* – pianist
piasek *m* – sand
piątek *m* – Friday
pić *v imperf.* – to drink
piekarnia *f* – bakery
pieniądz *m* – money
pierwszy *num.* – first
pies *m* – dog
pieszo *adv.* – on foot
pieszy *m* – pedestrian
pięć *num.* – five
piękny *adj.* – beautiful
piętro *n* – floor, storey
pilnować *v imperf.* – to look after, to guard
pilotaż *m* – tour guiding
piłka *f* – ball
piłka *f* **nożna** – football
piosenka *f* – song
pisać *v imperf.* – to write
pisarka *f* – writer
piwo *n* – beer
pizzeria *f* – pizzeria
plac *m* – square
plan *m* – plan
planować *v imperf.* – to plan
playboy *m* – playboy
plaża *f* – beach
płacić *v imperf.* – to pay
płaszcz *m* – coat
płatki *pl* – cereal
płyta *f* – CD; album
pływanie *n* – swimming
po południu *adv.* – in the afternoon
po prostu *adv.* – simply
pociąg *m* – train
poczta *f* – post office; mail
poczta *f* **elektroniczna** – e-mail
poczucie *n* **humoru** – sense of humour
podkreślnik *m* – underscore
podłoga *f* – floor
podobno *part.* – supposedly, they say that
podpis *m* – signature
podróż *f* – travel
podróżować *v imperf.* – to travel
podziękować *v perf.* – to thank
poeta *m* – poet
pogotowie *n* – emergency
pojutrze *adv.* – day after tomorrow
pokój *m* – room
pokój *n* **dwuosobowy** – double room
Polak *m* – Pole
policja *f* – police
policjant *m* – police officer
polityk *m* – politician
Polka *f* – Pole
polonez *m* – polonaise
polonistyka *f* – Polish studies
Polska *f* – Poland
Polski *adj.* – Polish
połączyć *v perf.* – to combine
południe *n* – noon
pomarańczowy *adj.* – orange
pomidor *m* – tomato
pomoc *f* – help
pomóc *v perf.* – to help
pomysł *m* – idea
pomyślność *f* – well-being
poniedziałek *m* – Monday
ponieważ *conj.* – because
popołudnie *n* – afternoon
popsuty *adj.* – broken; rotten
pora *f* **dnia** – time of the day
pora *f* **roku** – season
porażka *f* – failure
porozmawiać *v perf.* – to talk
Portugalia *f* – Portugal
portugalski *adj.* – Portuguese

porządek *m* – order
postępować *v imperf.* – to progress
poszukać *v perf.* – to search, to look for
potem *adv.* – later, after
powiedzieć *v perf.* – to say
powtarzać *v imperf.* – to repeat
pozdrawiać *v imperf.* – to greet
poznać *v perf.* – to meet, to get to know
pożyczka *f* – loan
pójść *v perf.* – to go
pół *num.* – half
pół *num.* **godziny** – half an hour
półtora *num.* – one and a half
później *adv.* – later
późno *adv.*: **do późna** – late: until late
praca *f* – work, job
praca *f* **charytatywna** – charity work
praca *f* **zawodowa** – professional career
pracoholik *m* – workaholic
pracować *v imperf.* – to work
pracowity *adi.* – hard-working
pracownik *m* **biurowy** – office worker
praktyka *f* – internship
prawdopodobnie *adv.* – probably, most likely
prawnuk *m* – great grandson
prawo *n* **jazdy** – driving licence
prawy *adi.*: **na prawo** – right: on the right
premier *m* – Prime Minister
pretekst *m* – excuse
prezentacja *f* – presentation
prezes *m* – chairman, CEO
prezydent *m* – president
problem *m* – problem
produkt *m* – product
profesor *m* – professor
prognoza *f* – forecast
prognoza *f* **pogody** – weather forecast
projekt *m* – project
prokurator *m* – prosecutor
promocja *f* – promotion
prosić *v imperf.* – to ask, to request
prosto *adv.* – straight
prywatny *adi.* – private
przeczytać *v perf.* – to read
przed *praep.* – before
przedsiębiorczy *adi.* – entrepreneurial
przedstawić *v perf.* – to present
przedwczoraj *adv.* – day before yesterday
przejście *n* **dla pieszych** – pedestrian crossing
przekazać informację *v perf.* – to pass on the information
przepraszać *v imperf.* – to excuse, to apologize
przeprowadzić się [do] *v perf.* – to move (to change the place of living) [to]
przerwa *f* **na lunch** – lunch break
przetłumaczyć *v perf.* – to translate
przetrwać *v perf.* – to survive
przez *praep.* – through; for
przez okno – through the window
przy *praep.* – at
przygoda *f* – adventure
przygotować *v perf.* – to prepare
przyjaciel *m* – friend
przyjaciółka *f* – friend
przyjaźń *f* – friendship
przyjąć *v perf.* – to accept
przyjechać *v perf.* – to come
przyjechać na wakacje – to come on holidays
przyjęcie *n* – party
przyjść *v perf.* – to come
przykro *adv.* – sad

przymierzalnia *f* – fitting room
przymierzyć *v perf.* – to try on
przystanek *m* **autobusowy** – bus stop
przystojny *adj.* – handsome
przyszły *adj.* – next
psychologia *f* – psychology
pub *m* – pub
pytać *v imperf.* – to ask [a question]
pytanie *n* – question

R
rachunek *m* – bill
radio *n* – radio
radość *f* – joy
rajstopy *pl* – stockings
randka *f* – date [a romantic meeting of two people]
ranek *m* – morning
rano *adv.* – morning
raport *m* – report
raz *adv.* – once
razem *adv* – together
redaktor *m* – journalist
reklama *f* – advertisement
rekrutacja *f* – recruitment
relaks *m* – relax
remont *m* – refurbishment, renovation
remontować *v imperf.* – to refurbish, to renovate
reporter *m* – reporter
restauracja *f* – restaurant
rezerwacja *f* – booking
reżyser *m* – (film/theatre) director
robić *v imperf.* – to do, to make
robotnik *m* – worker
rodzeństwo *n* – siblings
rodzice *pl* – parents
rodzina *f* – family
rok *m* – year
rolki *pl* – roller skates
romans *m* – affair
romantyczny *adj.* – romantic
rondo *n* – roundabout
Rosja *f* – Russia
Rosjanin *m* – Russian
Rosjanka *f* – Russian
rosnąć *v imperf.* – to grow
rower *m* – bicycle
rozkaz *m* – order
rozmawiać *v imperf.* – to talk
rozmiar *m* – size
rozpocząć *v perf.* – to begin
rozrywkowy *adj.* – entertaining
rozumieć *v imperf.* – to understand
róg *m* – corner
również *conj.* – also, too
różnorodny *adj.* – varied
ryba *f* – fish
rzadko *adv.* – rarely
rzecz *f* – thing
rzucić palenie *v perf.* – to quit smoking

S
sala *f* – room
sałatka *f* – salad
samochód *m* – car
sąsiad *m* – neighbour
sekretarka *f* – secretary
ser *m* – cheese
siatkówka *f* – volleyball
siedem *num.* – seven
sierpień *m* – August
się *reflexive pron.* – myself, yourself, herself, himself
siłownia *f* – gym
siostra *f* – sister
skarpetki *pl* – socks
sklep *m* – shop
skoki *pl* **narciarskie** – ski jumping
skończyć *v perf.* – to end
skręcić w lewo/prawo *v perf.* – to turn left/right

skrzyżowanie *n* – crossroad, junction
słońce *n* – sun
Słowacja *f* – Slovakia
Słowak *m* – Slovak
słuchać *v imperf.* – to listen
służbowy *adi.* – business
słychać *v imperf.* – to be heard
smaczny *adi.* – tasty
smakować *v imperf.* – to taste
smutek *m* – sadness
smutny *adi.* – sad
sobota *f* – Saturday
socjologia *f* – sociology
sok *m* – juice
solarium *n* – sunbed
spacer *m* – walk
spacerować *v imperf.* – to walk, to stroll
spać *v imperf.* – to sleep
specjalnie *adv.* – especially, particularly
spędzać *v imperf.* – to spend
spodnie *pl* – trousers
sport *m* – sport
sportowy *adi.* – sports
sposób *m* – way, solution
spotkać się *v perf.* – to meet
spotkanie *n* – meeting
spotykać się *v imperf.* – to meet
spódnica *f* – skirt
spóźnić się *v perf.* – to be late
sprawa *f* – issue, matter
sprawdzić *v perf.* – to check
sprzedaż *f* – sales
stacja *f* – station
stan *m* **cywilny** – marital status
stanowisko *n* – position
stary *adi.* – old
stolica *f* – capital
stolik *m* – table
stopień *m* **Celsjusza** – degree Celsius
stół *m* – table
strajk *m* – strike
strajkować *v imperf.* – to go on strike
stresujący *adi.* – stressful
struktura *f* – structure
student *m* – student
studentka *f* – student
studia *pl* – studies
studiować *v imperf.* – to study
styczeń *m* – January
Sudety *pl* – Sudetes
sukces *m* – success
sukienka *f* – dress
surfować *v imperf.* – to surf
sweter *m* – jumper
swój *pron.* – one's own
sympatyczny *adi.* – nice
syn *m* – son
synowa *f* – daughter-in-law
sypialnia *f* – bedroom
szachy *pl* – chess
szafa *f* – wardrobe
szansa *f* – chance
szary *adi.* – grey
szczególnie *adv* – particularly
szczęście *n* – happiness
szczęśliwy *adi.* – happy
szczupły *adi.* – slim
szef *m* – boss
szefowa *f* – boss
szeroki *adi.* – wide
sześć *num.* – six
szkoła *f* – school
szpital *m* – hospital
sztuka *f* – art
szukać *v imperf.* – to look for
Szwajcar *m* – Swiss
Szwajcaria *f* – Switzerland
Szwajcarka *f* – Swiss
Szwed *m* – Swedish
Szwedka *f* – Swedish
szwedzki *adi.* – Swedish

szybko *adv.* – fast, quickly
szynka *f* – ham

Ś
ściana *f* – wall
śliczny *adi* – cute, beautiful
ślub *m* – wedding
śniadanie *n* – breakfast
śpiewać *v imperf.* – to sing
środa *f* – Wednesday
śrubokręt *m* – screwdriver
świadek *m* – witness
światło *n* – light
światopogląd *m* – world view
świecić *v imperf.* – to shine
świetny *adi.* – great
święta *pl* – holidays, Christmas, Easter

T
ta *pron.* – this
taksówka *f* – taxi
tam *pron.* – there
tamta *pron.* – that
tamten *pron.* – that
tamto *pron.* – that
tani *adi.* – cheap
taniec *m* – dance
taniec *m* **towarzyski** – ballroom dance
tańczyć *v imperf.* – to dance
Tatry *pl* – Tatras
telefon *m; abbr.* **tel.** – telephone
telefon *m* **komórkowy;** *abbr.* **tel. kom.** – mobile phone
telewizja *f* – television
telewizor *m* – TV set
temperament *m* – temper
ten *pron.* – this
tenis *m* – tennis
tenor *m* – tenor
termin *m*: **w terminie** – deadline: within a deadline
teściowa *f* – mother-in-law
teść *m* – father-in-law
też *coni.* – also
tęgi *adi.* – chubby
tęsknić *v imperf.* – to miss
tłum *m* – crowd
tłumacz *m* – translator, interpreter
tłumaczka *f* – translator, interpreter
to *pron.* – it
toaleta *f* – toilet
toast *m* – toast
tolerancyjny *adi.* – understanding, tolerant
towarzyski *sdi.* – social
tramwaj *m* – tram
trawa *f* – grass
trąbka *f* – trumpet
trochę *adv.* – a little bit
troje *num.* **dzieci** – three children
trudny *adi.* – difficult
trwać *v imperf.* – to last
trzeba *praed.* – it is necessary
trzy *num.* – three
tu *pron.* – here
twoja *pron.* – your
twój *pron.* – your
ty *pron.* – you
tydzień *m* – week
tygodnie *pl* – weeks
tylko *adv.* – only
typowy *adi.* – typical

U
u *praep.* – at
ubrać się *v perf.* – to get dressed
ubranie *n* – clothes, clothing
uczciwy *adi.* – honest
uczennica *f* – schoolgirl
uczeń *m* – student, pupil, schoolboy
uczuciowy *adi.* – emotional
uczyć się *v imperf.* – to learn

udany *adi.* – successful, happy
ugotować *v perf.* – to cook
ukończyć *v perf.* – to graduate
Ukraina *f* – Ukraine
ukraiński *adi.* – Ukrainian
ukraść *v perf.* – to steal
ulica *f*; *abbr.* **ul.** – street
ulubiony *adi.* – favourite
umawiać się – to make an appointment
umawiać się na randki – to go on dates
umówić się *v perf.* – to make an appointment
umrzeć *v perf.* – to die
uniwersytet *m* – university
Uniwersytet *m* **Warszawski** – Warsaw University
uporządkowany *adi.* – organised, in order
uprawiać sport *v imperf.* – to practise sport
urlop *m* – holiday leave
urlop wychowawczy *m* – post-maternity leave
urodzić *v perf.* – to give birth
urodzić się *v perf.* – to be born
urodziny *pl* – birthday
urządzać *v imperf.* – to organise
urządzać przyjęcie – to throw a party
usiąść *v perf.* – to sit down
utrzymywać *v imperf.* – to maintain
utwór *m* **muzyczny** – music piece, composition
uwielbiać *v imperf.* – to love, to adore

W

w południe *adv.* – at noon
w/we *praep.* – in, at
wakacje *pl* – holiday
walc *m* – waltz
warto *praed.* – worth
wasz *pron.* – your
ważny *adi.* – important
wąski *adi* – tight
wcześnie *adv.* – early
wcześniej *adv.* – earlier
wczoraj *adv.* – yesterday
wegetarianin *m* – vegetarian
wegetarianka *f* – vegetarian
wesele *n* – wedding reception
wesoły *adi.* – cheerful
wiać *v imperf.* – to blow
wiadomości *pl* – news
wiadomość *f* – message
wiatr *m* – wind
widelec *m* – fork
widzieć *v imperf.* – to see
wieczorem *adv.* – in the evening
wieczór *m* – evening
wiedzieć *v imperf.* – to know
wieje wiatr – the wind is blowing
wiek *m* – age
wiele *adv.* – many
wielki *adi.* – big, great
wierny *adi.* – faithful
wieś *f* – countryside
więc *coni.* – so
Wigilia *f* – Christmas Eve
winda *f* – lift
witać *v imperf.* – to welcome
wiza *f* – visa
wizyta *f* – visit
wizytówka *f* – business card
władza *f* – authority
właśnie *adv.* – just
Włoch *m* – Italian
włos *m* – hair
włoski *adi.* – Italian
włosy *pl* – hair
wnuczka *f* – grand-daughter
wnuk *m* – grandson

województwo *n* – region, province
woleć *v imperf.* – to prefer
wolne: mieć wolne – to have time off
wolny *adi.* – free
wpaść na pomysł *v perf.* – to come up with an idea
wracać *v imperf.* – to come back
wrócić *v perf.* – to come back
wrzesień *m* – September
wspaniały *adi.* – great, wonderful
wspinaczka *f* – climbing
wspinaczka *f* **wysokogórska** – mountain climbing
współpracownik *m* – associate, co-worker
wstać *v perf.* – to get up
wstawać *v imperf.* – to get up
wstęp *m* – entrance
wszyscy *pron.* – everybody
wszystko *pron.* – all, everything
wtorek *m* – Tuesday
wybór *m* – choice
wybrać *v perf.* – to choose
wycieczka *f* – trip, tour
wydatek *m* – expense
wyglądać *v imperf.* – to look like
wyjazd *m* – trip
wyjechać *v perf.* – to go away
wyjść za mąż *v perf.* – to marry [a man]
wykształcenie *n* – education
wypić *v perf.* – to drink
wypoczęty *adi.* – rested
wysłać *v perf.* – to send
wysoki *adi.* – tall
wysportowany *adi.* – fit
wystawa *f* – exhibition
wziąć *v perf.* – to take
wznieść: wznieść toast *v perf.* – to raise a toast

Z

z *praep.* – with
za darmo *adv.* – for free
za kilka dni – in a few days
zacząć *v perf.* – to begin
zaczynać *v imperf.* – to begin, to start
zadzwonić *v perf.* – to make a phone call
zagraniczny *adi.* – foreign
zainteresowanie *n* – interests
zajęcie *n* – activity
zajęty *adi.* – busy; taken
zajmować się *v imperf.* – to deal with, to be responsible for
zakochać się *v perf.* – to fall in love
zakupy *m* – shopping
zależeć *v imperf.* – to depend
zamknięty *adi.* – closed
zamieszkać *v perf.* – to settle down
zapis *m* – entry, record
zapisać się *v perf.* – to sign in, to enrol
zaplanować *v perf.* – to plan
zapłacić *v perf.* – to pay
zapracowany *adi.* – overworked
zapraszać *v imperf.* – to invite
zaproponować *v perf.* – to propose, to offer
zaprosić *v perf.* – to invite
zaproszenie *n* – invitation
zapytać *v perf.* – to ask [a question]
zaraz *adv.* – shortly
zarezerwować *v perf.* – to book
zarobić *v perf.* – to earn
zarządzanie *n* – management
zatelefonować *v perf.* – to make a phone call
zawód *m* – occupation, profession
zawsze *adv.* – always
zazdrosny *adi.* – jealous
zazdrościć *v imperf.* – to envy
zbankrutować *v perf.* – to go bankrupt

zbierać *v imperf.* – to pick, to collect
zbierać jagody – to pick up blackberries
zbudować *v perf.* – to build
zdać *v perf.* – to pass [an exam]
zdanie *n* – sentence, opinion
zdjęcie *n* – photo
zdrowie *n* – health
zdrowy *adi.* – healthy
zero *num.* – zero
zeszyt *m* – notebook
zęby *pl* – teeth
zgadzać się *v imperf.* – to agree
zgniły *adi.* – rotten
zgrabny *adi.* – shapely
zgodny *adi.* – harmonious
zielony *adi.* – green
ziemniak *m* – potato
zięć *m* – son-in-law
zimno *adv.* – cold
zjeść *v perf.* – to eat
złośliwy *adi* – malicious
złote wesele *n* – golden wedding
złoty *adi.* – golden
zmęczony *adi.* – tired
zmiana *f* – change
zmienić *v perf.* – to change
znać *v imperf.* – to know
znajdować się *v imperf.* – to be located
znajoma *f* – acquaintance
znajomość *f* **języków obcych** – knowledge of languages
znajomy *adi.* – familiar
znajomy *m* – acquaintance
znany *adi.* – famous
zobaczyć *v perf.* – to see each other
zobaczyć się *v perf.* – to see each other
zoo *n* – zoo
zorganizować *v perf.* – to organise
zrezygnować *v perf.* – to resign
zrobić *v perf.* – to do, to make
zupa *f* – soup
zwiedzać *v imperf.* – to visit
zwiedzić *v perf.* – to visit
zwykle *adv.* – usually

Ż

żagiel *m* – sail
żałować *v imperf.* – to regret
żeglarstwo *n* – sailing
żona *f* – wife
żonaty *adi.* – married [about a man]
żółty *adi.* – yellow
żubr *m* – bison
życie *n* – life
życzyć *v imperf.* – to wish
żyć *v imperf.* – to live
żywy *adi.* – living

PHRASES

Być może. – Maybe.
Chciałbym zarezerwować… – I would like to book…
Chciałbym… – I would like to…
Chwileczkę! – Just a moment!
Cieszę się, że cię widzę. – I am glad to see you.
Co to znaczy? – What does it mean?
Czekam na ważny e-mail. – I am waiting for an important e-mail.
Cześć! – Hi! Hello!
Czy Iza jest Polką? – Is Iza Polish?
Czy mogę prosić…? – Can I speak to…?
Czy mogę rozmawiać z panem/panią…? – Can I speak to Mr/Mrs…?
Czy można płacić kartą/gotówką? – Can I pay with a card/cash?
Czym mogę służyć? – How can I help you?

Do usłyszenia! – Speak to you soon!
Do widzenia! – Goodbye!
Dobranoc! – Goodnight!
Dzień dobry! – Good morning! Good afternoon!
Dzień dobry, mówi Adam Nowak. – Good morning, this is Adam Nowak speaking.
Gdzie jest…? – Where is…?
Ile masz lat? – How old are you?
Jak on wygląda? – What does he look like?
Jaki dzisiaj jest dzień? – What day is it today?
Jesteś gotowy/-a? – Are you ready?
Już łączę. – I am putting you through.
Kiedy do mnie zadzwonisz? – When will you call me?
Kiedy się zobaczymy? – When will we see each other?
Która jest godzina? – What time is it?
Mam na imię… – My name is…
Mam wielkie plany! – I have big plans!
Masz czas ósmej? – Do you have time at eight?
Miło mi! – Nice to meet you!
Może się spotkamy? – How about a meeting?
Muszę odwołać… – I have to cancel…
Myślę, że… – I think that…
Na którą godzinę? – At what time?
Na pewno? – Are you sure?
Na razie. – See you.
Nawzajem – same to you
Nie jestem pewny. – I am not sure.
Nie mam czasu. – I don't have time.
No wiesz! – How can you say that!
O której godzinie? – At what time?
Powodzenia! – Good luck!
Pozdrawiam. – Greetings.
Proszę o odpowiedź. – Please reply.
Przykro mi! – I am sorry!
Skąd wiesz? – How do you know?
Szczęśliwego Nowego Roku! – Happy New Year!
Szczęśliwej podróży! – Have a safe trip!
Szkoda. – What a pity!
Świetne miejsce. – Great place.
Świetny pomysł! – Great idea!
To nieważne. – It is not important.
To zależy. – It depends.
To znaczy? – What do you mean?
W porządku. – Alright.
Wesołych Świąt! – Merry Christmas! Happy Easter!
Wszystkiego najlepszego! – All the best!
Z poważaniem – Best regards
Życzę spełnienia marzeń. – May your dreams come true.
Życzę szczęścia. – I wish you happiness.
Życzę zdrowia. – I wish you good health.

English-Polish Dictionary

A

a few – kilka *num.*, parę *num.*
a little bit – trochę *adv.*
about – o *praep.*
accept – przyjąć *v perf.*
access – dostęp *m*
acquaintance – znajoma *f*, znajomy *m*
active – aktywny *adi.*
activity – zajęcie *n*
actor – aktor *m*
actress – aktorka *f*
additional – dodatkowy *adi.*
address – adres *m*
adore – uwielbiać *v imperf.*
adult – dorosły *adi.*
adventure – przygoda *f*
advertisement – reklama *f*
advertising – ogłoszenie *n*
affair – romans *m*
Africa – Afryka *f*
after – potem *adv.*
afternoon – popołudnie *n*
age – wiek *m*
agree – zgadzać się *v imperf.*
ah – ach *inter.*
airport – lotnisko *n*
album – album *m*, płyta *f*
alcohol – alkohol *m*
alcoholic – alkoholik *m*
all – cały *adi.*; wszystko *pron.*
all the time – cały czas
already – już *adv.*
also – również *coni.*, też *coni.*
always – zawsze *adv.*
ambitious – ambitny *adi.*
American – Amerykanin *m*
and – i, a *coni.*
answer – odpowiedź *f*
appetite – apetyt *m*
apple – jabłko *n*
apologize – przepraszać *v imperf.*
April – kwiecień *m*
aquarium – akwarium *n*
archaeology – archeologia *f*
armchair – fotel *m*
around – około *praep.*
art – sztuka *f*
as soon as possible – jak najszybciej
ask [a question] – pytać *v imperf.*; zapytać *v perf.*; prosić *v imperf.*
assistant – asystentka *f*
associate – współpracownik *m*
at – przy *praep.*, u *praep.*, o *praep.*, w/we *praep.*
"at"/ @ – *pot.* małpa *f*
at noon – w południe *adv.*
attraction – atrakcja *f*
August – sierpień *m*
author – autor
authority – władza *f*

avenue – aleja *f*; *abbr.* al.
award – nagroda *f*

B

baby girl – dziewczynka *f*
bachelor – kawaler *m*
bakery – piekarnia *f*
ball – piłka *f*
ballroom dance – taniec *m* towarzyski
banana – banan *m*
bank – bank *m*, brzeg *m*
bar – bar *m*
barrister – adwokat *m*
basketball – koszykówka *f*
bathroom – łazienka *f*
be – być *v imperf.*
be able – móc *v imperf.*
be bored – nudzić się *v imperf.*
be born – urodzić się *v perf.*
be called – nazywać się *v imperf.*
be happy – cieszyć się *v imperf.*
be heard – słychać *v imperf.*
be ill – chorować *v imperf.*
be in good shape – być w dobrej kondycji
be interested – interesować się *v imperf.*
be late – spóźnić się *v perf.*
be located – znajdować się *v imperf.*
be promoted – awansować *v imperf./perf.*
beach – plaża *f*
beautiful – piękny *adi.*, śliczny *adi.*
because – bo *coni.*, ponieważ *coni.*
bed – łóżko *n*
bedroom – sypialnia *f*
beer – piwo *n*
before – przed *praep.*
begin – rozpoczynać, zaczynać *v imperf.*; rozpocząć, zacząć *v perf.*
beige – beżowy *adi.*
beetroot – burak *m*
bicycle – rower *m*
big – duży *adi.*, wielki *adi.*
bill – rachunek *m*
billiard – bilard *m*
birth – narodziny *pl*
birthday – urodziny *pl*
bison – żubr *m*
black – czarny *adi.*
blackberry – jagoda *f*
block of flats – blok *m*
blog – blog *m*
blow – wiać *v imperf.*
blue – niebieski *adi.*
blue eyes – niebieskie oczy
book – książka *f*; zarezerwować *v perf.*
booking – rezerwacja *f*
bookshop – księgarnia *f*
boss – szef *m*, szefowa *f*
box – loża *f*
boy – chłopak *m*
boyfriend – chłopak *m*
branch – gałąź *f*
bread – chleb *m*
break – przerwa *f*
breakfast – śniadanie *n*
bridge – most *m*
bright – inteligentny *adi.*
broken – popsuty *adi.*
brother – brat *m*
build – budować *v imperf.*; zbudować *v perf.*
building – budynek *m*
Bulgaria – Bułgaria *f*
Bulgarian – bułgarski *adi.*
bus – autobus *m*
bus stop – przystanek *m* autobusowy
business – służbowy *adi.*
business card – wizytówka *f*
busy – zajęty *adi.*

but – ale *conj.*, jednak *conj.*
butter – masło *n*
buy – kupować *v imperf.*, kupić *v perf.*

C

cabaret – kabaret *m*
café – kawiarnia *f*
call – dzwonić *v imperf.*
calm – opanowany *adj.*
campaign – kampania *f*
can – móc *v imperf.*, potrafić *v imperf.*
cancel – odwołać *v perf.*
cancel a meeting – odwołać spotkanie
candy – cukierek *m*
cap – czapka *f*
capital – stolica *f*
car – samochód *m*
card – karta *f*
care: unattended – opieka *f*: bez opieki
carpet – dywan *m*
carrot – marchewka *f*
cash – gotówka *f*
cash machine – bankomat *m*
cat – kot *m*
cell phone – komórka *f*
centimetre – centymetr *m*
centre – centrum *n*
CD – płyta CD *f*
CEO – prezes *m*
cereal – płatki *pl*
certificate – dyplom *m*
chair – krzesło *n*
chairman – prezes *m*
chance – szansa *f*
change – zmiana *f;* zmienić *v perf.*
chaotic – chaotyczny *adj.*
charity work – praca *f* charytatywna
cheap – tani *adj.*
check: checked – kratka *f*: w kratkę; sprawdzić *v perf.*
cheerful – wesoły *adj.*
cheese – ser *m*
chemist – apteka *f*
chess – szachy *pl*
child – dziecko *n*
children – dzieci *pl*
chilly – chłodny *adj.*; chłodno *adv.*
chocolate – czekolada *f*
choice – wybór *m*
choose – wybrać *v perf.*
Christmas – Boże Narodzenie *n*
Christmas Eve – Wigilia *f*
chubby – tęgi *adj.*
church – kościół *m*
cinema – kino *n*
cinema-goer – kinoman *m*
city – miasto *n*
class – klasa *f*
classified ads – ogłoszenia *pl* drobne
client – klient *m*
climbing – wspinaczka *f*
close – blisko *adv.*
closed – zamknięty *adj.*
clothes – ubranie *n*
clothing – ubranie *n*
club – klub *m*
coat – płaszcz *m*
code – kod *m*
coffee house – kawiarnia *f*
cold – zimno *adv.*
collect – zbierać *v imperf.*, odbierać *v imperf.*, odebrać *v perf.*
colour – kolor *m*
comb – grzebień *m*
combine – połączyć *v perf.*
come – przyjechać *v perf.*, przyjść *v perf.*
come back – wracać *v imperf.*, wrócić *v perf.*

come on holidays – przyjechać na wakacje *v perf.*
come up with an idea – wpaść na pomysł *v perf.*
comfort – komfort *m*
communism – komunizm *m*
company – firma *f*
compose – komponować *v imperf.*
composer – kompozytor *m*
composition – utwór *m* muzyczny
computer – komputer *m*
computer graphics – grafika *f* komputerowa
computer programmer – informatyk *m*
concert – koncert *m*
condition – kondycja *f*
confectionery – cukiernia *f*
congratulate – gratulować *v imperf.*
connect – łączyć *v imperf.*
conservatoire – konserwatorium *n*
contact – kontakt *m*; kontaktowy *adi.*; kontaktować się *v imperf.*
control – kontrola *f*
cook – kucharz *m*; gotować *v imperf.*; ugotować *v perf.*
cork – korek *m*
corkscrew – korkociąg *m*
corner – róg *m*
corporation – korporacja *f*
country – kraj *m*
countryside – wieś *f*
courageous – odważny *adi.*
course – kurs *m*
co-worker – współpracownik *m*
creative – kreatywny *adi.*
credit card – karta *f* kredytowa
crossroad – skrzyżowanie *n*
crowd – tłum *m*
cucumber – ogórek *m*
cultural studies – kulturoznawstwo *n*
culture – kultura *f*
currently – obecnie *adv.*
cute – śliczny *adi*
Czech – Czech *m*

D

dance – taniec *m*; tańczyć *v imperf.*
dark – ciemny *adi.*
darling – kochanie *inter.*
date – data *f*, randka *f*
date of birth – data *f* urodzenia
daughter – córka *f*
daughter-in-law – synowa *f*
day – dzień *m*
day after tomorrow – pojutrze *adv.*
day and night (24 hours) – doba *f*
day before yesterday – przedwczoraj *adv.*
days – dni *pl*
deadline: within a deadline – termin *m*: w terminie
deal with – zajmować się *v imperf.*
decagram – dekagram *m*
December – grudzień *m*
deep – głęboki *adi.*
degree Celsius – stopień *m* Celsjusza
dentist – dentysta *m*
depend – zależeć *v imperf.*
describe – opowiadać *v imperf.*; opowiedzieć *v perf.*
desk – biurko *n*
die – umrzeć *v perf.*
diet – dieta *f*
difficult – trudny *adi.*
dinner – kolacja *f*, obiad *m*
diploma – dyplom *m*
director – dyrektor *m*, reżyser *m*
district – dzielnica *f*
dive – nurkować *v imperf.*
do – robić *v imperf.*, zrobić *v perf.*
doctor – lekarz *m*, lekarka *f*

document – dokument *m*
dog – pies *m*
dot – kropka *f*
double room – dwuosobowy *adi.*
dream – marzenie *n*; marzyć *v imperf.*
dress – sukienka *f*
drink – pić *v imperf.*, wypić *v perf.*
drive – jechać *v imperf.*
driver – kierowca *m*
driving licence – prawo *n* jazdy
drums – perkusja *f*

E

eagerly – chętnie *adv.*
earlier – wcześniej *adv.*
early – wcześnie *adv.*
earn – zarobić *v perf.*
Easter – Wielkanoc *f*
eat – jeść *v imperf.*, zjeść *v perf.*
eclectic – eklektyczny *adi.*
education – wykształcenie *n*
egg – jajko *n*
eight – osiem *num.*
electricity – elektryczność *f*
elegant – elegancki *adi.*
e-mail – poczta *f* elektroniczna, e-mail *m*
e-mail address – adres *m* e-mail
embassy – ambasada *f*
emergency – pogotowie *n*
emotional – uczuciowy *adi.*
end – kończyć *v imperf.*, skończyć *v perf.*
end: in the end – koniec *m*: w końcu
energetic – energiczny *adi.*
engineer – inżynier *m*
England – Anglia *f*
English – Anglik *m*, Angielka *f*; angielski *adi.*
enrol – zapisać się *v perf.*
entertaining – rozrywkowy *adi.*
entrance – wstęp *m*
entrepreneurial – przedsiębiorczy *adi.*
entry – zapis *m*
envy – zazdrościć *v imperf.*
episode – odcinek *m*
especially – specjalnie *adv.*
European – europejski *adi.*
even – nawet *adv.*
evening – wieczór *m*
every day – codziennie *adv.*
everybody – wszyscy *pron.*
everything – wszystko *pron.*
exam – egzamin *m*
exercise – ćwiczyć *v imperf.*
excuse – pretekst *m*; przepraszać *v imperf.*
exhibition – wystawa *f*
expense – wydatek *m*
expensive – drogi *adi.*
experienced – doświadczony *adi.*
extreme – ekstremalny *adv.*
eye – oko *n*
eyes – oczy *pl*

F

factory – fabryka *f*
failure – porażka *f*
faithful – wierny *adi.*
fall in love – zakochać się *v perf.*
familiar – znajomy *adi.*
family – rodzina *f*
famous – znany *adi.*
fantastic – fantastyczny *adi.*
far away – daleko *adv.*
Far East – Daleki Wschód *m*
fashionable – modny *adi.*
fast – szybko *adv.*
fastest – najszybciej *adv.*
father – ojciec *m*

father-in-law – teść *m*
fattening – kaloryczny *adi.*
favourite – ulubiony *adi.*
February – luty *m*
feel like doing something – ochota *f*: mieć ochotę
fiancé – narzeczony *m*
fiancée – narzeczona *f*
figure-skating – łyżwiarstwo figurowe *n*
film – film *m*
financial – finansowy *adi.*
finish – kończyć *v imperf.*, skończyć *v perf.*
first – najpierw *adv.*, pierwszy *num.*
first name – imię *n*
fish – ryba *f*
fit – wysportowany *adi.*
fitting room – przymierzalnia *f*
five – pięć *num.*
flat – mieszkanie *n, abbr.* m
floor – podłoga *f*, piętro *n*
florist's – kwiaciarnia *f*
flower – kwiat *m*
folk music – muzyka *f* ludowa
following – następny *adi.*, następujący *adi.*
football – piłka *f* nożna
for – przez *praep.*
foreign – zagraniczny *adi.*
for free – za darmo *adv.*
for good – na stałe *part.*
for sure – na pewno *part.*
forecast – prognoza *f*
forest – las *m*
fork – widelec *m*
formula one – formuła 1 *f*
fortunately – na szczęście *part.*
four – cztery *num.*
France – Francja *f*
free – wolny *adi.*
French – Francuz *m*, Francuzka *f*
Friday – piątek *m*
fridge – lodówka *f*
friend – przyjaciel *m*, przyjaciółka *f*, kolega *m*, koleżanka *f*
friendship – przyjaźń *f*
from – od *praep.*
from morning till the evening – od rana do wieczora
from time to time – od czasu do czasu
from…to – od…do *praep.*

G
gallery – galeria *f*
game – mecz *m*
garden – ogród *m*
gardening – ogrodnictwo *n*
general manager – dyrektor *m*
geographer – geograf *m*
geography – geografia *f*
German – Niemiec *m*, Niemka *f*
Germans – Niemcy *fpl*, Niemki *mpl*
Germany – Niemcy *pl*
get dressed – ubrać się *v perf.*
get to know – poznać *v perf.*
get up – wstawać *v imperf.*, wstać *v perf.*
girl – dziewczyna *f*, dziewczynka *f*
girlfriend – dziewczyna *f*
give birth – urodzić *v perf.*
go – iść *v imperf.*; jechać *v imperf.*; pójść *v perf.*
go away – wyjechać *v perf.*
go bankrupt – zbankrutować *v perf.*
go by bus – jechać autobusem
go on dates – umawiać się na randki *v imperf.*
go on strike – strajkować *v imperf.*
go straight – iść prosto
go well with – pasować *v imperf.*

go work out – chodzić na siłownię
golden – złoty *adi.*
golden wedding – złote wesele *n*
golf – golf *m*
good – dobry *adi.*; dobrze *adv.*
graduate – ukończyć *v perf.*
gram – gram *m*
grand-daughter – wnuczka *f*
grandfather – dziadek *m*
grandmother – babcia *f*
grandpa – dziadek *m*
grandson – wnuk *m*
grass – trawa *f*
great – świetny *adi.*, wielki *adi.*, wspaniały *adi.*
great grandson – prawnuk *m*
Greece – Grecja *f*
Greek – grecki *adi.*
green – zielony *adi.*
greet – pozdrawiać *v imperf.*
grey – szary *adi.*
group – grupowy *adi.*
grow – rosnąć *v imperf.*
guard – pilnować *v imperf.*
guest – gość *m*
guest house – pensjonat *m*
guitar – gitara *f*
gym – siłownia *f*

H
hair – włos *m*, włosy *pl*
hair dresser – fryzjer *m*
half – pół *num.*
half an hour – pół godziny *num.*
ham – szynka *f*
handsome – przystojny *adi.*
happiness – szczęście *n*
happy – szczęśliwy *adi.*, udany *adi.*
hard-working – pracowity *adi.*
harmonious – zgodny
hat – kapelusz *m*
hate – nienawidzić *v imperf*, nie cierpieć *v imperf*
have – mieć *v imperf.*
have time off – wolne: mieć wolne
have to – musieć *v imperf.*
Hawaiian – hawajska *adi.*
he – on *pron.*
headteacher – dyrektor szkoły
health – zdrowie *n*
healthy – zdrowy *adi.*
hectare – hektar *m*
hello [on the phone] – halo *inter.*
help – pomoc *f*; pomóc *v perf.*
her – jej *pron.*
here – tu *pron.*
high school – liceum *n*
highlight – atrakcja *f*
his – jego *pron.*
history – historia *f*
hockey – hokej *m*
holiday leave – urlop *m*
holiday – wakacje *pl*, święta *pl*
home – dom *m*
home address – adres *m* zamieszkania
honest – uczciwy *adi.*
honey – miód *m*
horse riding – jazda konna *f*, hipika *f*
hospital – szpital *m*
hot – gorący *adi.*, gorąco *adv.*
hotel – hotel *m*
hour – godzina *f*
house – dom *m*
house warming party – parapetówka *f*
how – jak *pron.*
how many – ile *pron.*
how much – ile *pron.*
however – jednak *conj.*
hum – nucić *v imperf.*
human (being) – człowiek *m*
humour – humor *m*
hungry – głodny *adi.*

husband – mąż *m*
hypermarket – hipermarket *m*
hyphen – kreska *f*, myślnik *m*

I

I – ja *pron.*
ice cream – lody *pl*
ice skates – łyżwy *pl*
idea – pomysł *m*
ideally – idealnie *adv.*
if – jeśli *coni.*, jeżeli *coni.*
ill – chory *adi.*
important – ważny *adi.*
in – w/we *praep.*
in a few days – za kilka dni
in my opinion – moim zdaniem
in the afternoon – po południu *adv.*
in the evening – wieczorem *adv.*
independent – niezależny *adi.*
information – informacja *f*
intelligent – inteligentny *adi.*
intensive – intensywny *adi.*
interesting – interesujący *adi.*, ciekawy *adi.*
interests – zainteresowanie *n*
international – międzynarodowy *adi.*
internship – praktyka *f*
invest – inwestować *v imperf.*
invitation – zaproszenie *n*
invite – zapraszać *v imperf.*, zaprosić *v perf.*
Ireland – Irlandia *f*
issue – sprawa *f*
it – to *pron.*
it is necessary – trzeba *praed.*
it is possible – można *praed.*
Italian – Włoch *m*; włoski *adi.*

J

jacket – kurtka *f*, marynarka *f*
jam – dżem *m*
January – styczeń *m*
Japan – Japonia *f*
Japanese – Japończyk *m*, Japonka *f*, japoński *adi.*
Japanese studies – japonistyka *f*
jealous – zazdrosny *adi.*
job – praca *f*
journalist – dziennikarz *m*, redaktor *m*
joy – radość *f*
juice – sok *m*
July – lipiec *m*
jumper – sweter *m*
junction – skrzyżowanie *n*
June – czerwiec *m*
just – właśnie *adv.*

K

kid – dziecko *n*
kids – dzieci *pl*
kilogram – kilogram *m*
kilometre – kilometr *m*
kitchen – kuchnia *f*
knife – nóż *m*
know – wiedzieć *v imperf.*, znać *v imperf.*
knowledge of languages – znajomość *f* języków obcych

L

lake – jezioro *n*
language – język *m*
large – wielki *adi.*
last – ostatni *adi.*; trwać *v imperf.*
late: until late – późno: do późna *adv.*
later – później *adv.*, potem *adv.*
lawyer – adwokat *m*
lazy person – leniuch *m*
learn – uczyć się *v imperf.*, nauczyć się *v perf.*
lecture – odczyt *m*

left: on the left – lewy: na lewo *adv.*
library – biblioteka *f*
lie [position] – leżeć *v imperf.*
life – życie *n*
lift – winda *f*
light – światło *n*; jasny *adi.*
like – lubić *v imperf.*
listen – słuchać *v imperf.*
literature – literature *f*
litre – litr *m*
live – mieszkać *v imperf.*, żyć *v imperf.*
living – żywy *adi.*
loan – pożyczka *f*
lodge – loża *f*
logistics – logistyka *f*
long – długi *adi.*; długo *adv.*
long hair – długie włosy
look – patrzeć *v imperf.*
look after – pilnować *v imperf.*
look for – szukać *v imperf.*, poszukać *v perf.*
look like – wyglądać *v imperf.*
love – miłość *f*; kochać, uwielbiać *v imperf.*
low – niski *adi.*
lower-secondary school – gimnazjum *n*
luckily – na szczęście *part.*
luggage – bagaż *m*
lunch – obiad *m*, lunch *m*
lunch break – przerwa *f* na lunch

M
mail – poczta *f*
maintain – utrzymywać *v imperf.*
make – robić *v imperf.*, zrobić *v perf.*
make a phone call – zatelefonować, zadzwonić *v perf.*
make an appointment – umawiać się *v imperf.*, umówić się *v perf.*,
malicious – złośliwy *adi*
man – mężczyzna *m*
management – zarządzanie *n*
manager – menedżer *m*
manipulate – manipulować *v imperf.*
many – wiele *adv.*
March – marzec *m*
marital status – stan *m* cywilny
marketing – marketing *m*
marriage – małżeństwo *n*
married [about a man] – żonaty *adi.*
married woman – mężatka *f*
marry [a man] – wyjść za mąż *v perf.*
marry [a woman] – ożenić się *v perf.*
Masuria – Mazury *pl*
match – mecz *m*; pasować *v imperf.*
matter – sprawa *f*
May – maj *m*
maybe – może *part.*
mazurka – mazurek *m*
me – ja, mnie *pron.*
meat – mięso *n*
meet – poznawać, spotykać się *v imperf.*, spotkać się *v perf.*
meeting – spotkanie *n*
message – wiadomość *f*
metre – metr *m*
mine – mój *pron.*
miss – tęsknić *v imperf.*
mobile phone – telefon komórkowy *abbr.* tel. kom. *m*
moment – chwila *f*
Monday – poniedziałek *m*
money – pieniądz *m*
monkey – małpa *f*
month – miesiąc *m, abbr.* m-c
morning – ranek *m*; rano *adv.*
most likely – prawdopodobnie *adv.*
mother – matka *f*
mother-in-law – teściowa *f*
mountain – góra *f*

mountain climbing – wspinaczka *f* wysokogórska
mountains – góry *pl*
mouse – mysz *f*
move (to change the place of living) [to] – przeprowadzić się [do] *v perf.*
movie – film *m*
Mr and Mrs – państwo *pron.*
Mr Sir – pan *m*
Ms, Mrs, Madam – pani *f*
mum – mama *f*
murder – morderstwo *m*
museum – muzeum *n*
mushroom – grzyb *m*
music – muzyka *f*; muzyczny *adi.*
music lover – meloman *m*
music piece – utwór *m* muzyczny
must – musieć *v imperf.*
my – mój *pron.*
myself – się, siebie *reflexive pron.*
name day – imieniny *pl*

N

nation – naród *m*
national – narodowy *adi.*
National Museum – Muzeum *n* Narodowe
nationality – obywatelstwo *n*
near – blisko *adv.*
necessarily – koniecznie *adv.*
neighbour – sąsiad *m*
nervous – nerwowy *adi.*
never – nigdy *adv.*
new – nowy *adi.*
newlyweds – młoda *f* para
news – wiadomości *pl*
newsagent – kiosk *m*
newspaper – gazeta *f*
next – przyszły *adi.*, następny *adi.*, dalej *adv.*
next to – obok *adv.*
nice – miły *adi.*, sympatyczny *adi.*, ładny *adi.*, miło *adv.*
night: at night – noc *f*: w nocy
nine – dziewięć *num.*
no – nie *part.*
non-smoking – niepalący *adi.*
noon – południe *n*
not bad – nieźle *adv.*
notebook – zeszyt *m*
not far – niedaleko *adv.*
not many – niewiele *adv.*
not yet – jeszcze nie
nothing – nic *pron.*
November – listopad *m*
number – numer *m*, *abbr.* nr

O

obligatory – obowiązkowy *adi.*
occasion: on the occasion – okazja *f*: z okazji
occupation – zawód *m*
ocean – ocean *m*
October – październik *m*
of course – oczywiście *adv.*
offer – zaproponować *v perf.*
office – biuro *n*
office worker – pracownik *m* biurowy
official – oficjalny *adi.*
often – często *adv.*
old – stary *adi.*
on – na *praep.*
one – jeden *num.*
on foot – pieszo *adv.*
once – raz *adv.*
once again – jeszcze raz
one and a half – półtora *num.*
one can – można *praed.*
one's own – swój *pron.*
only – tylko *adv.*
only when – dopier *adv.*

opinion – zdanie *n*
opposite – naprzeciwko *adv.*
optimist – optymista *m*, optymistka *f*
or – a, lub, albo *coni.*
orange – pomarańczowy
order – porządek *m*, rozkaz *m*
organise – organizować *v imperf.*, zorganizować *v perf.*, urządzać *v imperf.*
organised – uporządkowany *adi.*
ouch! – ojej! *inter.*
our – nasz *pron.*
over – nad *praep.*
overworked – zapracowany *adi.*

P
painting – obraz *m*, malarstwo *n*
paraglide – paralotnia *f*
parents – rodzice *pl*
park – park *m*; parkować *v imperf.*
parking lot – parking *m*
particularly – specjalnie *adv.*, szczególnie *adv.*
party – impreza *f*, przyjęcie *n*
pass [an exam] – zdać *v perf.*
pass on the information – przekazać informację *v perf.*
passenger – pasażer *m*
passion – pasja *f*
passport – passport *m*
pay – płacić *v imperf.*, zapłacić *v perf.*
pedant – pedant *m*
pedestrian – pieszy *m*
pedestrian crossing – przejście *n* dla pieszych
pen – długopis *m*
perfectly – idealnie *adv.*
person – osoba *f*, człowiek *m*
personal – osobisty *adi.*, osobowy *adi.*, personalny *adi.*
personal identification number – PESEL *abbr.*
pessimist – pesymista *m*, pesymistka *f*
pharmacy – apteka *f*
PhD thesis – doktorat *m*
philharmonics – filharmonia *f*
photography – fotografowanie *n*
photo – zdjęcie *n*
pianist – pianist *m*
piano – fortepiano *m*
pick – zbierać *v imperf.*
pick up blackberries – zbierać jagody
picture – obraz *m*
pitch – boisko *n*
pizzeria – pizzeria *f*
place – miejsce *n*
place of birth – miejsce *n* urodzenia
plain – gładki *adi.*
plan – plan *m*; planować *v imperf.*, zaplanować *v perf.*
plant – fabryka *f*
play – bawić się *v imperf.*, grać *v imperf.*
playboy – playboy *m*
play the piano – grać na fortepianie
plenty – mnóstwo *n*
poet – poeta *m*
Poland – Polska *f*
Pole – Polak *m*, Polka *f*
police – policja *f*
police officer – policjant *m*
Polish – polski *adi.*
Polish studies – polonistyka
politician – polityk *m*
polonaise – polonez *m*
pool – bilard *m*
poor – biedny *adi.*
Portugal – Portugalia *f*
Portuguese – portugalski *adi.*
position – stanowisko *n*
possible – możliwy *adi.*

post office – poczta *f*
postal code – kod *m* pocztowy
post-maternity leave – urlop *m* wychowawczy
potato – ziemniak *m*
practise sport – uprawiać sport *v imperf.*
prefer – woleć *v imperf.*
prepare – przygotować *v perf.*
present – przedstawić *v perf.*
presentation – prezentacja *f*
president – prezydent *m*
pretty – ładny *adi.*, ładnie *adv.*
price – cena *f*
Prime Minister – premier *m*
printing house – drukarnia *f*
private – prywatny *adi.*
prize – nagroda *f*
probably – prawdopodobnie *adv.*
problem – problem *m*
product – produkt *m*
profession – zawód *m*
professional career – praca *f* zawodowa
professor – profesor *m*
progress – postępować *v imperf.*
project – project *m*
promotion – awans *m*; promocja *f*
propose – zaproponować *v perf.*
prosecutor – prokurator *m*
province – województwo *n*
psychology – psychologia *f*
pub – pub *m*
pupil – uczeń *m*

Q
question – pytanie *n*
questionnaire – kwestionariusz *m*
quick – szybki *adi.*
quickly – szybko *adv.*
quit smoking – rzucić palenie *v perf.*

R
radio – radio *n*
railway station – dworzec *m* kolejowy
railway: on the railways – kolej *f*: na kolei
rain (It's raining.) – deszcz *m* (Pada deszcz.)
raise a toast – wznieść: wznieść toast *v perf.*
rarely – rzadko *adv.*
raspberry – malinowy *adi.*
read – czytać *v imperf.*, przeczytać *v perf.*
ready – gotowy *adi.*
really – naprawdę *part.*
record – zapis *m*
recruitment – rekrutacja *f*
red – czerwony *adi.*
refurbish – remontować *v imperf.*
refurbishment – remont *m*
region – województwo *n*
regret – żałować *v imperf.*
relax – relaks *m*
remember – pamiętać *v imperf.*
renovate – remontować *v imperf.*
repeat – powtarzać *v imperf.*
reply – odpowiedź *f*
report – raport *m*
reporter – reporter *m*, dziennikarz *m*
request – prosić *v imperf.*
resign – zrezygnować *v perf.*
responsible for – zajmować się *v imperf.*, być odpowiedzialnym za *v imperf.*
rest – odpoczywać *v imperf.*, odpocząć *v perf.*
restaurant – restauracja *f*
rested – wypoczęty *adi.*
renovation – remont *m*
ride a horse – jeździć konno *v imperf.*

right: on the right – prawy: na prawo *adv.*
roller skates – rolki *pl*
romantic – romantyczny *adi.*
room – pokój *m*, sala *f*
rotten – zgniły *adi.*
roundabout – rondo *n*
run – biegać *v imperf.*
Russia – Rosja *f*
Russian – Rosjanin *m*, Rosjanka *f*

S

sad – smutny *adi.*; przykro *adv.*
sadness – smutek *m*
sail – żagiel *m*
sailing – żeglarstwo *n*
salad – sałatka *f*
sales – sprzedaż *f*; handlowy *adi.*
sales assistant – ekspedientka *f*
sales department – dział handlowy *m*
sand – piasek *m*
sandwich – kanapka *f*
Saturday – sobota *f*
say – powiedzieć *v perf.*
school – szkoła *f*
schoolboy – uczeń *m*
schoolgirl – uczennica *f*
screwdriver – śrubokręt *m*
scuba diving – nurkowanie *n*
sea – morze *n*; morski *adi.*
search – poszukać *v perf.*
seashore – brzeg *m* morza
season – pora roku *f*
second – drugi *num.*
secondary school – liceum *pn*
secretary – sekretarka *f*
section – odcinek *m*
see – widzieć *v imperf.*
see each other – zobaczyć się *v perf.*
send – wysłać *v perf.*
sense of humour – poczucie humoru
sentence – zdanie *n*
September – wrzesień *m*
settle down – zamieszkać *v perf.*
seven – siedem *num.*
shape – kondycja *f*
shapely – zgrabny *adi.*
she – ona *pron.*
shell – muszla *f*
shine – świecić *v imperf.*
shirt – koszula *f*
shoe – but *m*
shop – sklep *m*
shopping – zakupy *m*
shopping centre – centrum *n* handlowe
shore – brzeg *m*
short – niski *adi.*
shortly – zaraz *adv.*
show around – oprowadzać *v imperf.*
siblings – rodzeństwo *n*
side – brzeg *m*
sign in – zapisać się *v perf.*
signature – podpis *m*
simply – po prostu *adv.*
sing – śpiewać *v imperf.*
sister – siostra *f*
sister-in-law – bratowa *f*
sit down – usiąść *v perf.*
size – rozmiar *m*
six – sześć *num.*
skate board – deskorolka *f*
ski jumping – skoki *pl* narciarskie
skirt – spódnica *f*
skis – narty *pl*
sky – niebo *n*
sleep – spać *v imperf.*
sleepy – niewyspany *adi.*
slim – szczupły *adi.*
Slovak – Słowak *m*

Slovakia – Słowacja *f*
slovenly person – brudas *m*
small – mały *adi.*
smart – mądry *adi.*
so – czyli *coni.*, więc *coni.*
social – towarzyski *adi.*
sociology – socjologia *f*
socks – skarpetki *pl*
solicitor – adwokat *m*
solution – sposób *m*
sometimes – czasami *adv.*, czasem *adv.*
son – syn *m*
song – piosenka *f*
son-in-law – zięć *m*
soon – niedługo *adv.*
sound – brzmieć *v imperf.*
soup – zupa *f*
Spain – Hiszpania *f*
Spaniard – Hiszpan *m*, Hiszpanka *f*
Spanish – hiszpański *adi.*
speak – mówić *v imperf.*
speak English – mówić po angielsku
speak Japanese – mówić po japońsku
speak Russian – mówić po rosyjsku
speak Spanish – mówić po hiszpańsku
speak Swedish – mówić po szwedzku
spend – spędzać *v imperf.*
spine – kręgosłup *m*
sport – sport *m*
sport fan – kibic *m*
sports – sportowy *adi.*
sports club – klub *m* sportowy
square – plac *m*
stage – etap *m*
start – rozpoczynać *v imperf.*, zaczynać *v imperf.*, rozpocząć *v perf.*, zacząć *v perf.*
station – dworzec *m*; stacja *f*
stay over – nocować *v imperf*
steal – ukraść *v perf.*
still – nadal *adv.*, jeszcze *adv.*
stockings – rajstopy *pl*
storey – piętro *n*
straight – prosto *adv.*
stranger – nieznajomy *m*, nieznajoma *f*
street – ulica *f*, *abbr.* ul.
stressful – stresujący *adi.*
strike – strajk *m*
stripe: striped – pasek *m*: w paski
stroll – spacerować *v imperf.*
structure – struktura *f*
student – student *m*, studentka *f*, uczeń *m*
student hall – akademik *m*
studies – studia *pl*
study – gabinet *m*; studiować *v imperf.*
success – sukces *m*
successful – udany *adi.*
Sudetes – Sudety *pl*
suffer – cierpieć *v imperf.*
suit – garniture *m;* pasować *v imperf.*
summer house – działka *f*
sun – słońce *n*
sunbed – solarium *n*
Sunday – niedziela *f*
supposedly – podobno *part.*
sure – pewny *adi.*
surf – surfować *v imperf.*
surname – nazwisko *n*
survive – przetrwać *v perf.*
Swedish – Szwed *m*, Szwedka *f*; szwedzki *adi.*
swim – kąpać się *v imperf.*
swimming – pływanie *n*
swimming certificate – karta *f* pływacka
swimming pool – basen *m*
Swiss – Szwajcar *m*, Szwajcarka *f*
Switzerland – Szwajcaria *f*

T

table – stół *m*, stolik *m*
take – brać *v imperf.*, wziąć *v perf.*
take place – odbywać się *v imperf.*
talk – rozmawiać *v imperf.*, porozmawiać *v perf.*
tall – wysoki *adi.*
tan – opalać się *v imperf.*
taste – smakować *v imperf.*
tasty – smaczny *adi.*
Tatras – Tatry *pl*
tax identification number – NIP *abbr.* (numer identyfikacji podatkowej)
taxi – taksówka *f*
tea – herbata *f*
teacher – nauczyciel *m*, nauczycielka *f*
teeth – zęby *pl*
telephone – telefon *m*, *abbr.* tel.
television – telewizja *f*
tell – opowiadać *v imperf.*, opowiedzieć *v perf.*
temper – temperament *m*
ten – dziesięć *num.*
tenement house – kamienica *f*
tennis – tenis *m*
tennis court – kort *m* tenisowy
tenor – tenor *m*
than – niż *coni.*
thank – dziękować *v imperf.*, podziękować *v perf.*
that – tamta, tamten, tamto *pron.*
the biggest – największy *adi.*
the eight – ósmy *num.*
the greatest – największy *adi.*; najwybitniejszy *adi.*
the most outstanding – najwybitniejszy *adi.*
the wind is blowing – wieje wiatr
their – ich *pron.*
there – tam *pron.*
they say that – podobno *part.*
thing – rzecz *f*
this – ta, ten *pron.*
three – trzy *num.*
three children – troje *num.* dzieci
through – przez *praep.*
through the window – przez okno *praep.*
throw a party – urządzać przyjęcie *v imperf.*
Thursday – czwartek *m*
ticket – bilet *m*
tie – krawat *m*
tight – wąski *adi*
time – czas *m*
time of the day – pora *f* dnia
tired – zmęczony *adi.*
to – do *praep.*
toast – toast *m*
today – dzisiaj *adv.*, dziś *adv.*
together – razem *adv*
toilet – toaleta *f*
tolerant – tolerancyjny *adi.*
tomato – pomidor *m*
tomorrow – jutro *adv.*
tongue – język *m*
too – również *coni.*
top – bluzka *f*
tour – wycieczka *f*
tour guiding – pilotaż *m*
town – miejscowość *f*
trade – handlowy *adi.*
traffic jam – korek *m*
train – pociąg *m*
tram – tramwaj *m*
translate – przetłumaczyć *v perf.*
translator, interpreter – tłumacz *m*, tłumaczka *f*

travel – podróż *f*; podróżować *v imperf.*
travel agency – biuro *n* podróży
tree – drzewo *n*
trip – wycieczka *f*, wyjazd *m*
trousers – spodnie *pl*
trumpet – trąbka *f*
try on – przymierzyć *v perf.*
tuberculosis – gruźlica *f*
Tuesday – wtorek *m*
turn left/right – skręcić w lewo/prawo *v perf.*
TV set – telewizor *m*
two – dwa *num.*
two children – dwoje *num.*dzieci
typical – typowy *adi.*

U

Ukraine – Ukraina *f*
Ukrainian – ukraiński *adi.*
ugly – brzydki *adi.*
underscore – podkreślnik *m*
underground – metro *n*
understand – rozumieć *v imperf.*
understanding – tolerancyjny *adi.*
unfortunately – niestety *inter.*
unimportant – nieważny *adi.*
university – uniwersytet *m*
unmarried woman – panna *f*
until late – do późna
usually – zwykle *adv.*

V

varied – różnorodny *adi.*
vegetarian – wegetarianin *m*, wegetarianka *f v perf.*
very – bardzo *adv.*
visa – wiza *f*
visit – wizyta *f*; zwiedzać *v imperf.*, zwiedzić *v. perf*
volleyball – siatkówka *f*

W

wait – czekać *v imperf.*
waiter – kelner *m*
waitress – kelnerka *f*
wake up – budzić się *v imperf.*, obudzić się *v perf.*
walk – spacer *m*; chodzić, iść, spacerować *v imperf.*
wall – ściana *f*
waltz – walc *m*
want – chcieć *v imperf.*
wardrobe – szafa *f*
warm – ciepły *adi.*; ciepło *adv.*
Warsaw University – Uniwersytet *m* Warszawski
wash – myć się *v imperf.*
watch – oglądać, obserwować *v imperf.*, obejrzeć *v perf.*
watch television – oglądać telewizję
wave – fala *f*
way – droga *f*, sposób *m*
weather forecast – prognoza *f* pogody
wedding – ślub *m*
wedding reception – wesele *n*
Wednesday – środa *f*
week – tydzień *m*
weeks – tygodnie *pl*
welcome – witać *v imperf.*
well – cóż *part.*; dobrze *adv.*
well-being – pomyślność *f*
well-read – oczytany *adi.*
what – co; jaki *pron.*
when – gdy, kiedy *coni.*
where – gdzie *pron.*
which – który *pron.*
white – biały *adi.*
who – kto *pron.*
whole – cały *adi.*
whose – czyj *pron.*
why – dlaczego *pron.*
wide – szeroki *adi.*

wife – żona *f*
willingness – ochota *f*
wind – wiatr *m*
window – okno *n*
wine-tasting – degustacja *f* win
wish – życzyć *v imperf.*
with – z *praep.*
without – bez *praep.*
witness – świadek *m*
woman – kobieta *f*
wonderful – cudowny *adi.*, wspaniały *adi.*
wonderfully – cudownie *adv.*
work – praca *f*; pracować *v imperf.*
workaholic – pracoholik *m*
worker – robotnik *m*
world view – światopogląd *m*
worth – warto *praed.*
write – pisać *v imperf.*, napisać *v perf.*
writer – pisarka *f*

Y
year – rok *m*
years – lata *pl*
yellow – żółty *adi.*
yesterday – wczoraj *adv.*
yet – jednak *coni.*, jeszcze *adv.*
yoga – joga *f*
yoghurt – jogurt *m*
you – ty *pron.*
young – młody *adi.*
your – twój, twoja, wasz *pron.*

Z
zero – zero *num.*
zoo – zoo *n*

PHRASES
All the best! – Wszystkiego najlepszego!
Alright. – W porządku.
Are you ready? – Jesteś gotowy/-a?
Are you sure? – Na pewno?
At what time? – Na którą godzinę?
At what time? – O której godzinie?
Best regards – Z poważaniem
Can I pay with a card/cash? – Czy można płacić kartą/gotówką?
Can I speak to Mr/Mrs…? – Czy mogę rozmawiać z panem/panią…?
Can I speak to…? – Czy mogę prosić…?
Do you have time at eight? – Masz czas ósmej?
Good luck! – Powodzenia!
Good morning! Good afternoon! – Dzień dobry!
Good morning, this is Adam Nowak speaking. – Dzień dobry, mówi Adam Nowak.
Goodbye! – Do widzenia!
Goodnight! – Dobranoc!
Great idea! – Świetny pomysł!
Great place. – Świetne miejsce.
Greetings. – Pozdrawiam.
Happy New Year! – Szczęśliwego Nowego Roku!
Have a safe trip! – Szczęśliwej podróży!
Hello! Hi! – Cześć!
How about a meeting? – Może się spotkamy?
How can I help you? – Czym mogę służyć?
How can you say that! – No wiesz!
How do you know? – Skąd wiesz?
How old are you? – Ile masz lat?
I am glad to see you. – Cieszę się, że cię widzę.
I am not sure. – Nie jestem pewny.

I am putting you through. – Już łączę.
I am sorry! – Przykro mi!
I am waiting for an important e-mail. – Czekam na ważny e-mail.
I don't have time. – Nie mam czasu.
I have big plans! – Mam wielkie plany!
I have to cancel... – Muszę odwołać...
I think that... – Myślę, że...
I wish you good health. – Życzę zdrowia.
I wish you happiness. – Życzę szczęścia.
I would like to book... – Chciałbym zarezerwować...
I would like to... – Chciałbym...
Is Iza Polish? – Czy Iza jest Polką?
It depends. – To zależy.
It is not important. – To nieważne.
Just a moment! – Chwileczkę!
May they be happy! – Niech będą szczęśliwi!
May your dreams come true. – Życzę spełnienia marzeń.
Maybe. – Być może.
Merry Christmas! Happy Easter! – Wesołych Świąt!
My name is... – Mam na imię...
Nice to meet you! – Miło mi!
Please reply. – Proszę o odpowiedź.
Same to you – Nawzajem
See you. – Na razie.
Speak to you soon! – Do usłyszenia!
What a pity! – Szkoda.
What day is it today? – Jaki dzisiaj jest dzień?
What do you mean? – To znaczy?
What does he look like? – Jak on wygląda?
What does it mean? – Co to znaczy?
What time is it? – Która jest godzina?
When will we see each other?– Kiedy się zobaczymy?
When will you call me? – Kiedy do mnie zadzwonisz?
Where is...? – Gdzie jest...?